尼采問，誰會是世界的主人

五南圖書出版公司 印行

序言

親愛的盧多維奇先生：

你要我爲你的演講寫一篇序言嗎？很好，你可以獲得我的一篇序言——你可以把這封信做爲一篇序言，我允許你一字不漏的在你書中引用這封信。

我首先要說：我很喜歡你的演講，我認爲這些是非常清楚明白的演講，甚至是我所讀過的最佳英文作品，但是我幾乎很不喜歡你那種以尼采爲題發表演講的想法，因爲我認爲你這樣做，違反了你筆下這位大師的精神。我認爲，你教導人民——如果你有什麼東西可以教導人民——是錯誤的。教導人民的應該是以下這種人：他們沒有什麼話可說，沒有什麼東西可給，沒有什麼東西可教，沒有什麼事情可做。這些什麼都沒有的教師比你更有好處。他們把我們變成奴隸，而你知道，根據你的大師尼采的說法，所有較高等的文化一定都基於奴隸狀態。那麼，爲什麼要干涉那種在我們四周進行的奴役、愚蠢化、教育的自然過程？爲何不根據你的馬基維利原則去採取行動，發表有關戲劇、社會主義、民間傳說、上層階級的罪，或者「倫敦社交界」的衛生設施等方面的演講？爲何要把一種應該處於深奧狀態的教義變得普遍化？

但你希望增加那些追求「理想」的朋友。你想要在一間演講室中交朋友嗎？我很懷疑。你曾在一間演講室中改變宗教信仰嗎？我屬於以下這樣一種人：如果想要知道任何事情，就走進沙漠，不是演講室。親愛的盧多維奇先生，你親口告訴我說，一旦尼采的一本書落入你手中，你就永無寧日，除非你到德國、學習德語，在那兒的異鄉孤獨中思考和沉思尼采的學說，一直到你瞭解爲止。我時常看到你在大不列顚博物館走來走去，陷入深思中，只是你沒有看到我。我很喜歡你這樣。你認爲，你的很多聽衆能夠或願意經驗到你的思考的苦難——不用說危險了——是嗎？在一個舒適、自在、平和、快樂、人道主義和基督教理想的時代，要是你去尋覓一個像你自己這樣的知識運動員，那會是枉然的。

難道你不同情極少數也許喜愛運動和危險並且也許願意跟隨你的人嗎？難道他們不會像你自己一樣，是一片未知的海上的那些水手，暴露在險惡的天氣、可怕的霧和暴風雨中，被迫日夜注意著那些還沒有標示在地圖上的危險岩石，只有一種微弱的希望支撐著他們，那就是，那位德國的哥倫布終究一定是對的：在遠處的什麼地方想必有一片新的土地，那朦朧出現在地平線上的海岸線想必就是那片土地？爲何要拉著其他人跟在你後面？他們在新哲學思想的大海中經歷一些經驗後，也許會很後悔，叫著要回歸陸地以及古老英國的美食。他們在失望之餘也許會跳海，他們在痛苦之中也許會跪下來，叫著說：「我的上帝，我的上帝，爲何我遺棄了祢？」難道你不同情他們的這一切痛苦、懷疑、內心情緒的爆發？但我忘了，你沒有同情心——同情心不是你的大師尼采的信條的一部分！畢竟，你也許比我所認爲的更是一位尼采哲學家，而發表有關尼采的演講也許畢竟是對的——因爲這是很殘忍的事。

還有一件事！屬於個人但很重要的事！你很年輕，那些形成你的國家中的主要聽衆的女人，會傾聽你這樣的人。她們會假裝瞭解——女人在這方面是很精明的。因此你不會發現自己置身在一個新大陸上，而是可能走上婚姻之路，然後免費收回你所有的演講，改爲有關「最卓越的一性——女人」方面的演講。請不要聽她們的。請不要屈尊俯就。請還不要結婚。請記得，那些古老教條的使徒們，雖然有女人跟隨，但卻沒有與她們結婚。請記得，你也必須傳播一種福音——不是傳播一種種族，而就算傳播這種種族是值得的，也只能在傳播這種福音之後進行。

奧斯卡・雷維（Oscar Levy）* 敬上

倫敦西中區博物館街
塔波特公寓一號

*奧斯卡・雷維（Oscar Levy），德國猶太人，出版第一套尼采全集英譯本。這封信中表達一個鮮明的思想：尼采只給極少數精神貴族上課。

尼采被引用的作品縮寫

D.D. = The Dawn of Day（《黎明》）

Z. = Thus Spoke Zaratustra（《查拉圖斯特拉如是說》）

G.E. = Beyond Good and Evil（《超越善惡》）

G.M. = On the Genealogy of Morals（《道德系譜學》）

C.W. = Volume Ⅷ in the German Edition,and the English Volume containing: —
“The Case of Wagner”; “Nietzsche Contra Wagner”; “Twilight of the Idols”;
“The Antichrist.」（德文版第八卷，英文版包括《華格納的案子》；《尼采對華格納》；《偶像的黃昏》；《反基督》。

目錄

01 尼采：不道德者

1

我要跟你們談談腓特烈．尼采——不道德者。我們很難發現一位哲學家比尼采更難瞭解，然而對那些瞭解他的人而言，卻更充滿了寶藏。

我爲何要跟你們談到尼采呢？環繞他的名字和哲學而成長的文獻已經汗牛充棟。只要你讀了其中的三分之一，就是對他的見聞很廣博了。

尼采去世才八年，但他現在已是現代歐洲哲學最驚人的人物之一。然而，非常遺憾的是，探討他的生活和作品的人逐漸體認到，他已經被完全、時常惡意地誤解和誤判。這些誤解和誤判他的人，不僅包括無知的評論者和很多本來就被他的作品所迷而禁不住去解說他的作品的博學教授，也包括他最好和最長久的朋友。

所以我才希望跟你們談談腓特烈．尼采——因爲人們以錯誤的方式描述他。

你們最好瞭解眞正的他。事實上，你們有迫切的需要去瞭解眞正的他。

「我的敵人們已經變得強有力，已經扭曲了我的學說的眞面目，」他說，「所以我最親愛的朋友們想必爲我所給他們的禮物而感到羞愧。」[2]

「……有一天我將像一陣風一樣在他們之中吹著，用我的心靈取走他們的氣息；我未來決心這樣做。」

「查拉圖斯特拉確實是吹在所有低地的一陣強風。他如此忠告他的敵人們和所有會吐口水和嘔吐的東西：逆風吐口水要小心！」[3]

通常在開始時都要用文字描繪一下男主角，就像本書所做的一樣，或者至少要提供一則短短的傳記。第一點儘管非常困難，但要不是因爲我們有重要的理由懷疑現存作家在這方面的可靠性，其實是大可以嘗試的；[4]然而第二點，即短短

1、一九〇八年十一月二十五日發表於倫敦大學。
2、Z.，〈拿著鏡子的孩童〉。
3、Z.，〈群眾〉。
4、這是寫於尼采的《看，這個人》出現之前。

的傳記，似乎甚至比第一點更不容易做到，其理由如下：我所必須處理的主題是很廣大的，因此我必須把傳記濃縮成很小的篇幅，結果它可能只會成爲一連串令人厭倦的日期而已，而如果可能的話，我希望避免這種不會令人感激的干擾性工作。

基於這些考慮，我大膽放棄平常的方法，立刻來討論主題。

有些人認爲，從一個人的作品去形塑對他本人的印象是正確的。無論這種想法多麼根深柢固，其實只要跟任何一個偉人親自交往一會兒時間，就可以很快證明，這純然是迷信，而就尼采的情況而言，則這種想法是完全被顛覆了。就他以及大部分其他作家而言，我們必須將人和作家加以區分。他本人就曾警告人們不要去犯疏於區分人和作家的錯誤[5]：他本身就是辯駁這種錯誤的活生生例子。

就現今我們對他的瞭解而言，我們最多只能安全地說：他是古希臘哲學家赫拉克萊塔斯（Heraclitus）的現代版——一位復活的赫拉克萊塔斯，在歐洲活了十九世紀中的五十六年之久，而在十九世紀結束時去世。尼采自己不會反對這種比擬；他經常以強烈語詞談到高貴的以弗所人[6]，且努力要樹立自己的很多學說。

就像赫拉克萊塔斯一樣，尼采的繆斯是「孤獨與大自然之美」；就像赫拉克萊塔斯一樣，「他是一個相當自傲又自信的人，不順服任何大師」，也像赫拉克萊塔斯一樣，他是一個詩人哲學家，我們可以以「隱晦者」這個綽號來稱呼他。

隱晦——爲什麼？一個哲學家從「隱晦」中會得到什麼好處呢？難道寫及他的大量愚蠢作品，還不足以證明這種「隱晦」，是無用的？不，是肯定很危險的？

伯尼特（Burnet）先生在他的《早期希臘哲學》中談到赫拉克萊塔斯：「也許我們可以承認，他對群衆的輕視，使得他不大去關心他的讀者的要求。」我們將會看出，尼采是以實際同樣的方式談到自己：「我將會用欄杆圍繞我的思想，」他說，「甚至圍繞我的語詞，讓豬和熱心的人不會侵入我的花園。」[7]「我在我的四周畫圈圈和畫神聖的界限，山丘越來越少，大山越來越高。」[8]

5、G．E．，第二四五頁。C．W．，八十六頁。
6、尤其參閱諾曼（Naumann）所出版的尼采的全集第十卷，二十七——四十三頁。
7、Z．，〈三種惡人〉第二節。
8、Z．，〈舊桌與新桌〉第十九節。

尼采對群衆沒有什麼耐心。群衆是「很多又太多」——die viel-zu-vielen——德文這樣稱呼他們。但我們不能像很多人那樣認爲，這些語詞表達了比「不耐煩」更多的意義。我們經常在他的作品中讀到一些段落，非常清楚地強調他對平庸的人的尊敬以及對平庸之必要的尊敬。在《反基督》中，他其實還宣稱，心智深沉的人不配把平庸的人視爲平庸而感覺生氣。[9]「一種高級的文明」他說，「是一種金字塔，只能立在一個寬闊的基礎上；它的第一個先決條件是：非常堅固的平庸階級。」[10]

尼采是一個多方面的哲學家，注意力所及的任何主題，他都準確地觸及其根源；在這些演講中討論這樣一位哲學家時，我所能希望做到的最大努力是：激起你們對他的作品的好奇心，或激勵你們對他的作品進行更深度的研究。

爲了做到這一點，我將盡可能讓他以他自己的語詞跟你們談話，讓你們可能聽到他的觀點，以免居中的媒介物可能扭曲他的觀點——儘管多麼不願意這樣做；而且也可能讓你們聽到他的思想以翻譯後所能保有的最大程度的原始熱情和美表達出來。

很多人——特別是尼采的同胞——已經說過，他太獨斷，他幾乎沒有爲自己的見解提供任何理由，因此他的哲學具有專橫和無法令人信服的特徵。

以下的兩個段落，一段取自《偶像的黃昏》，另一段則引自《查拉圖斯特拉如是說》，都會讓我們看出，尼采不僅意識到自己作品中的這種特殊方法，並且也有其理由。

在第一個段落中，我們讀到：

> 「由於蘇格拉底的緣故，希臘人的口味轉而喜歡辯證法。那麼，實際上出現什麼情況呢？首先，優秀的品味不見了，群眾跟辯證法一起占了上風。在蘇格拉底之前，辯證方法在良好的社會中是爲人所拒絕的：這種方法被認爲是不適當的，這種方法會造成傷害。年輕人被警告不要使用這種方法。除外，所有這種表達理性的方法都不爲人所信任。正當的事物，像正當的人一樣，都不以這種方式

9、C.W.，三四二頁。

10、同前，二四一頁，三四二頁。

玩弄理性。凡是需要加以證明的東西都沒有什麼價值。在權威仍然屬於良好的慣例且人們是以命令而非論證的方式行事的整個世界中，辯證家是一種丑角，為人所嘲笑，不為人認眞看待。」

「當我們沒有其他方法時，才選擇辯證法。……辯證家所發揮的作用最容易被抹煞掉：進行談話的每種會議的經驗，證明了這一點。只有那些手上沒有其他武器的人，辯證法才可能成為一種最後的防衛。為了強取權力，辯證法才是必要的，否則一個人並不使用辯證法。」11

在《查拉圖斯特拉如是說》中，我們看到了另一個理由。他的一個弟子問他：為何他說詩人太常說謊？

「為什麼？」查拉圖斯特拉回答，「你問為什麼？我不是屬於那種可能被問及為什麼的人。」

「眞的，我的經驗是昨日的經驗嗎？我在很久以前就由經驗中發現了我持有見解的理由。」

「如果我必須提出理由，難道我不就需要成為容納記憶的大桶嗎？」

「甚至保有我的意見，對我而言也太過分了；很多的鳥兒會飛走。」[12]如此，查拉圖斯特拉堅稱，證明就是申辯，申辯就是乞求，而他無論如何不希望成爲一位乞者。

雖然他在寫作《查拉圖斯特拉如是說》時嚴格堅持這個原則，但此書的較早部分出現時卻遭受很嚴重的誤解，所以他最後決定部分放棄自傲的非辯證觀點，接受他在以後的作品中所採取的半辯證觀點。

我們可能會問：嗯，身爲英國人，難道我們應該去關心這種德國哲學嗎？很多偉人已經認爲，他們值得花時間以尊敬的心情聽取他的意見，還有，他的同胞們正開始很認眞地閱讀他的作品、瞭解他的思想。你們認爲這樣夠嗎？開明的法國政府認爲應該訂購尼采的法文翻譯，如此來鼓勵翻譯他的作品的法國譯者，你們認爲這樣夠嗎？

11、C．W．，一一〇頁，一一一頁。

12、Z．，〈詩人〉。

你們就自己決定：這些理由是否足夠促使你們轉而去閱讀他？

尼采說：「我的哲學顯示出得意洋洋的思想，所有其他思想體系終究必須臣服於它。它是很嚴格的思想：那些無法忍受它的種族，註定是要失敗的；那些認爲它是最偉大的福祉的種族，註定是要統治世界的。」[13]

他在這兒談到種族；他體認到，大眾意見的一致，會構成一個國家的哲學，引導那個國家的命運。他很嚴肅地談到他所提供我們的新學說，所以我們也許可以問：在這個時機中，我們是否應該去輕視或譴責一種用眞誠警語向世人提出的新哲學？

在德國，尼采多年來都是僅以他的文體而爲人讚賞。人們並不嚴肅看待他。他們談到他時，會視他爲偉大的「警句家」或「格言家」。如果有人膽敢探討他的倫理學，社會學或形上學，就會受到非難，並且經常是粗魯的非難；因爲自稱是他的作品的批評家們，都把他的作品中他們認爲最具煽動性的弔詭句子中最重要文脈加以刪改，以達到目的。「我們閱讀尼采，是爲了他的文體。」德國人會這樣說。

情況已經改觀了。

他們現在開始不再以「文體」的理由閱讀他了。有幾年的時間，他們急著要聽他在《偶像的黃昏》中所告訴他們的事情：「我的抱負是：以十個句子說出其他每個人以整本書說出的事情——其他每個人以整本書不會說出的事情。」……[14]

現在他們把這件事放在心上了，他們正開始要看出：他的格言式風格只不過是一種必要的形式，用以處理分送他的壓倒性財富時所導致的困難。這種格言式風格是一個富有的人因沒有時間點清個別硬幣而使用的支票簿。但這只是一種形式；它無疑是一種很優秀的形式，但它只是傳達觀念的手段，最終仍是被認爲是更有價值的目的。

德國人現在正在研究尼采，如果我們認眞地看待他的嚴肅的警告性語氣，難道身在英國的我們，不是早就應該也開始閱讀和瞭解他嗎？

13、諾曼所出版的尼采的全集，第十五卷，四〇三頁。

14、C．W．，二二一頁。

他是一個眞誠的人。他很嚴肅地看待自己的天職。他和赫拉克萊塔斯一樣離開親人和朋友，獨自一個人居住，俾能把所有的心思專注在一個問題上：我們走在正確的路上嗎？難道我們的道德——也就是那種正逐漸改變我們的價值內容——與那種配得上人類「遺產」和「歷史」的理想不矛盾嗎？「我愛人類。」他的第二自我查拉圖斯特拉說，「我正要把禮物帶給人類。」[15]

讓我們在此刻感到滿足吧，因爲我們知道，尼采帶給我們的新穎事物，是偉大又非常重要的事物，是十分新的。讓我們面對他的教導吧。

尼采是什麼樣的人呢？他是一個哲學家嗎？正統的哲學世界說：「他沒有爲我們帶來傳奇！」沒錯，我們無法將德國人尼采與赫伯特．史賓塞（Herbert Spencer）歸爲同類。我們也無法將他納入他的同胞康德和叔本華一群人中。

然而，由於他不僅自認具有哲學家的權威，並且也一再在自己的作品中談到自己是位哲學家。所以我們最好要瞭解，「哲學家」一詞是可以指稱他的。

「一位哲學家的使命，」他說，「是創造新價值。」——爲人類提供新的原則，新的標準。對於「很多小小的普通事實」的探知與分類是有用又有價值的工作[16]，但只有低賤的工作會爲哲學家鋪路。

「就一位眞正的哲學家教育而言，有一件事也許是很必要的，那就是，他自己應該一度站立在所有那些階梯上，也就是他的僕人——哲學的科學工作者——一直站在其上且必須一直站在其上的階梯：也許他自己必須是批評家、懷疑者、獨斷論者、歷史家、詩人、蒐集家、旅行家、解謎者、道德家、先知，以及自由的人……但所有的這些只是他完成任務的初步條件；這個任務本身就是要創造價值」，就是要掌控和提供律則。「哲學家決定『往何處』以及『何以故』……他們用創造的手抓住未來，而現今存在或曾經存在的一切，都做爲他們的一種方法、一種工具——一種釘錘。」[17]

可以發現這種哲學家嗎？尼采問道。我們將會看出，他就是這樣的一位哲學家。

15、Z.，〈序言〉，第二節。
16、G.E.，二一二頁。
17、同前，一五一頁，一五二頁。

在還未繼續敘述下去之前，並做爲進一步確定我們對比的一種方式，我們會有興趣去閱讀龔培茲（Gomperz）教授如何在他的《希臘思想家》一書中談到赫拉克萊塔斯的使命。「赫拉克萊塔斯，」他說，「所要扮演的角色並不是嚴密的研究者，他的激情太放任，他缺少必要的冷靜，並且他太易於在隱喻的誘惑中尋求滿足；但他非常適合成爲新哲學的先驅。」[18]

這段話多麼完美地表達了一位公平的批評者可能說及尼采的一切！

如要說明多年來人們針對他的哲學所使用的辱罵用語，我想有一個事實最具啓發作用，那就是尼采將自己放置在「超越善惡之外」的境地。

對那些甚至無法瞭解他爲何採取這種態度的人而言，最自然的做法，最明顯先決的做法，就是把他所有的作品貼上最具惡劣成分的現代意義標籤，如「危險」、「不道德」，以及另一個標籤：「煽動」。就好像他寫出的作品是爲瞭解放野蠻人鬱積的激情，或者爲了使人厭膩色情狂的色欲。「善良和公正的人說我是破壞道德的人，我的故事是不道德的。」[19]

尼采嚴肅地環顧自己四周，檢視這個世界，因此他問我們一個公認大膽的問題：我們幾世紀以來認爲的善和惡是眞正的善和惡嗎？

我們知道兩個字眼「善」和「惡」在我們的歷史中所扮演的角度嗎？道德，其存在理由及其行爲模式，爲人所瞭解嗎？尼采以創意和深度回答這些問題，最初的時候，雖然我們願意以友善的態度去聽他，但，他的語言很奇異，太讓我們震驚，以致只感覺到過度的不愉快。「他將擊中我們內心的正中地方！」我們憤怒地表示抗議。但是就算我們這樣說，他已經在那兒——他想要在的地方，也就是說「超越我們的善與惡」。

在他心中，這些概念——「善」與「惡」——只不過是方法，所有的人採行這種方法，俾能獲得力量。[20]哪方面的力量呢？就是使得跟他們同類的人都變得普遍化的那種力量，或者使他們變得最重要的那種力量，這種力量能夠使得他們的物種，只使他們的物種，在世界上占優勢或成爲最重要的物種。

18、《希臘思想家》，第一卷，七十五頁，龔培茲教授著，勞利．馬格納斯譯。
19、Z．，〈咬傷與腹蛇〉。
20、Z．，〈自我征服〉。

「我的實際哲學不斷強調的是」他說，「誰將是這世界的主人？」[21]道德決定這一點。占優勢的道德把發明和擁護這種道德的人帶向勝利。如果我們想回答尼采的問題「誰將是這世界的主人？」我們就必須首先自問：在今日文明世界中占優勢的道德下，是哪種類型的人正在獲得力量？我們的道德原則似乎有利於一種優良類型的人的繁殖嗎？是有一種尊貴的物種正要藉由這種道德原則而占有優勢嗎？或者情況剛好相反？

尼采挑戰我們，要我們證明我們走的路是正確的。他不脅迫我們，他不強行說服我們，他只是說：「只有對那些屬於我的人，我才是他們的一條法則，我完全不是一條法則[22]。這是我的路——你的路何在呢？」[23]

「善與惡是相同的。」赫拉克萊塔說。「道德就像世界上的任何其他東西一樣『不道德』，」尼采說，「道德本身是一種不道德的形式。」[24]

「眞的，我對你說：那種會不朽的善與惡是不存在的。」[25]

尼采把自己放置在「超越善惡之外的境地」；他答應要給我們新的價值；他希望去除我們古老的酵母。他不只是破壞、掠奪我們所擁有的東西；他讓我們空空的手重新裝滿東西。他首先就是一位不道德者，只不過他以後可能成為一位道德者，並且我們不可能會有一個比他更嚴厲或者更憎惡放蕩、放任行爲的道德者。

現在我們也許很適合問一個問題：在尼采的大作品《查拉圖斯特拉如是說》中，查拉圖斯特拉這個人物意味著什麼？——尼采以後的作品只是用來評論這部大作品。

爲何是查拉圖斯特拉？爲何這位古代的立法者在尼采看來最適合成爲他的代言人？他這樣回答：「查拉圖斯特拉要爲『道德』這個錯誤負責，因此他應該是第一個認知到這個錯誤的人。查拉圖斯特拉比他之前或之後的任何其他思想家都更眞實。我們只在他的教導中見到『眞實』被視爲最高的美德而加以維護，尤有

21、諾曼所出版的尼采的全集第十二卷，二〇八頁。
22、Z.，〈晚餐〉。
23、Z.，〈莊重的精神〉，第二節。
24、尼采的全集，第十五集，一九二頁。
25、Z.，〈自我征服〉。

進者，他比所有其他思想家加起來更勇敢。說眞話、目標正直，這是波斯人的第一個美德。藉由眞實來克服道德，藉由道德家的對立面——藉由我——來克服道德家——這就是查斯圖斯特拉這個名字由我口中說出的意義。」26

爲了瞭解他是如何徹底又認眞地進行自己的工作，我們需要有一會兒的時間回顧，看看他如何沉思所從事的任務。尼采其實是從一間隱士的小室對我們開示，但他是站在巨人們的肩膀上，在他的事業中獲得巨人們的力量。歌德、黑格爾，叔本華、達爾文、赫伯特．史賓塞，這些人的作品他瞭若指掌，而他的後面則是他相當精通其智慧的古人在支撐著。

讓我們聽聽他描述他自己如何成爲自己：

「我對你們宣稱三種精神的變形：精神如何變成一隻駱駝，駱駝如何變成一隻獅子，獅子如何終於變成一個孩子。」

「有很多東西對精神、強有力的精神而言雖然很沉重，但強有力的精神能夠承受重擔，也是令人尊敬之所在：其力量渴望很重的東西——渴望最重的東西。」

「什麼是重？能夠承受重擔的精神問道，然後就像一隻駱駝一樣屈膝，希望好好承受重量。」

然後，他描述精神如何擔負先於精神的心智之智慧，描述精神如何扛起所有過往的知識，在這種重擔之下起身，要到荒野去進行一次發現之旅。

「但在最孤淒的荒野中，」尼采繼續說，「出現了第二種變形：精神在那兒變成一隻獅子。牠將獵捕『自由』，成爲牠自己在荒野中的主人。」

「牠在那兒尋求牠的最後主人；牠努力要成爲這個主人暨牠最後的上帝的敵人……。」

但在途中站立著，名爲「你務必」的這條龍。

有一千年之久的美德正在這條龍的秤盤上閃閃發亮，而這條最強有力的龍說：「萬物的價值正在我身上閃亮。」

「我的兄弟們，爲何需要獅子的精神？獅子能夠做到駱駝——馱獸——所做

26、《腓特烈・尼采的一生》，第二卷，四三〇頁，伊莉莎白・佛雷斯特・尼采（Elizabeth Forester Nietzsche）著。

不到的什麼？」

「創造新價值——這是甚至獅子也做不到的事，但是爲了進行有活力的創造而爲自己創造出自由來，這卻是獅子做得到的。」

「爲一個人的自我而創造出自由——以及甚至針對責任而創造出一種神聖的『否定』；我的兄弟們，爲了做到這一點，需要獅子。」

「精神一度喜愛『你務必』，視爲其最神聖的事物，現在它甚至必須在這最神聖的事物中發現幻覺和專斷，以便從它的愛中爲自身贏得自由。爲贏得自由就需要獅子。」

「但是，我的兄弟們啊，孩子可以做甚至獅子做不到的什麼事呢？爲什麼捕食的獅子還是要變成一個孩子呢？」

「孩子是天眞與忘卻，一種新的開始，一種遊戲，一種自己滾動的輪子，一種基本的電動機，一種肯定生命的神聖宣告。」

「是的，我的兄弟們，爲了進行創造的遊戲，一種肯定生命的神聖宣告是必要的；現在精神所意欲的是它自身的意志，流浪者自己所希望的是他自身的世界。」

「我向你們宣稱心智的三種變形：心智如何變成一隻駱駝，駱駝如何變成一隻獅子，獅子如何最後變成一個孩子。」

「查拉圖斯特拉如是說。」[27]

如此，在尼采還未能提供我們新價值之前，他必須先臻至他的第二種無邪狀態——臻至一個孩童的天眞爛漫狀態。爲了做到這一點，他必須擁有獅子的自由，並且在他的心智還未能像一隻馱獸一樣獲得獅子的自由之前，他必須首先承載過去的智慧。

在一部早期的作品《黎明》之中，尼采告訴我們他所獲得的這種智慧，以及到底人類爲何要追求智慧。

「恐懼，」他告訴我們，「比愛更增進我們對人類的一般瞭解，因爲恐懼努力要確定對方是誰、對方知道什麼、對方要什麼——在這方面欺騙自己是危險又

27、Z.，〈三種變形〉。

有害的。」[28]爲了防範閃電的危險，我們必須知道閃電的性質。如果我們希望在面對一個敵人時克服他，我們就必須瞭解他的手段。因此，智慧就像道德，是獲得力量的方法，它會增強物種的力量。

同書中另一個段落從這種想法中獲致一個必然的結論：「甚至人類也跟動物一樣具有對眞實的感覺，因爲對眞實的感覺其實是對安全的感覺：我們不會讓自己受到欺騙——我們不會讓自己被自己所誤導，我們會以懷疑的心理聽著我們的激情所說出的細語；我們會控制自己，會對自己很警戒。動物對這一切的瞭解就像人對這一切的瞭解一樣完全。動物也一樣從對眞實事物——對很清楚的事物——的欲求中發展出自我控制。」[29]

因此，我們對於虛假事物的憎惡，只不過是源自我們對於不安全及其附隨而來的危險的憎惡。我們會瞭解一切，俾能防範一切。因此，眞實的事物，或我們對眞實事物的想法，就像智慧和道德，是一種有力的武器，它會使我們以及類似我們的人變得更令人畏懼。

尼采就是以這種對於眞實事物的強烈渴望向我們說：「你的路何在？誰將成爲世界的主人？」他是出於一種恐懼感——對於未來的恐懼——所以才告訴我們

說：「還沒人知道什麼是善，什麼是惡。」[30]

我們全都正在盲目地走向我們所不知道的一點。我們所揮舞的軍旗，我們航行時所揭櫫的道德旗幟，有一群人追隨著，他們希望獲得權力。但是這些旗幟此時對我們而言沒有意義了。我們很習慣這些旗幟，並且由於磨損的緣故，旗幟的顏色已經變得模糊不清，所以我們甚至不知道本來是在哪個港口揭櫫旗幟而航行的。

「看啊，」查拉圖斯特拉說，在開始提出教導時，對太陽發出呼語。「我厭倦了我的智慧，像聚集了太多蜂蜜的蜜蜂一樣，我需要伸展雙手去取得。」

「我樂於送出去。」

「爲了達到這個目的，我必須下到深處，就像你，太陽，在黃昏下沉到海後

28、D．D．，二六〇頁。
29、同前，二十二頁。
30、Z．，〈舊桌與新桌〉，第二節。

面，你把亮光帶到下界，你這顆榮耀的恒星！」

「就像你一樣，我必須下去，就像人們所說的，而我即將下降到人們那兒。」

「然後祝福我吧，你一雙安靜的眼睛——它們可以毫無嫉妒地看到最大的幸福。」

「看啊，這個酒杯又即將空了，而查拉圖斯特拉將再度變成一個人。」

「查拉圖斯特拉就這樣下去了。」31

就像赫拉克萊塔斯一樣，尼采除了是哲學家之外，也是詩人，而在他以多麼不尋常的心情、以多麼深沉的信心傳達給我們的這些《查拉圖斯特拉如是說》的開頭文字中，他就開始了他的教導。

讓我們回顧一會兒的時間，俾能充分體認到尼采成就的偉大重要性。我們就約略回憶自從基督誕生後，歐洲的思想中所經歷的事情。

我們現在知道古希臘文化的情況。我們已經學會讚賞其特點：不尋常的知性自由。我們歐陸有好幾世紀的時間再也看不到這種知性自由。我們知道，古希臘文化是經由什麼愚蠢的意外事件，而被一種較年輕且也許更棘手的對手——基督教文化——所埋葬，所完全活埋。

我們只需要聽聽塔西特斯（Tacitus）說了什麼，就可以瞭解到，古希臘文化被新來的哲學所驅逐，對古代思想世界是意味著什麼。無論如何，異教力量減退，基督教取而代之。

在基督教遠播的羅馬教皇時期之後，接著就是以「教父」爲名的哲學學派的時期，而以古老文化核心中的一個堅固基礎所建立的新信仰，主要就是歸因於這個哲學學派的辛苦努力。有些人的工作建構成這個「教父」哲學，這些人主要是致力於反對異教以及希臘哲學，或者致力於讓後者不會出現具傷害性的反抗力量，將它合併進好戰的教會的教義中。

31、Z·，〈序言〉，第二節。

接著是繁瑣哲學；人們在神學的權威下，以更大規模的程度研究哲學。其目標是：宣布基督教教條與辯證法和理性結合在一起。

湯瑪斯．阿奎那（Thomas Aquinas）實際上把頂石安置在繁瑣哲學的體系上。

繁瑣哲學的任何進一步發展，只會導致它的變形。一旦理性和信仰有了各自準確的角色，而行動的領域以及理性被用來做爲信仰的目標，在任何可能的地方支持和鞏固它，那麼，繁瑣哲學家們的目標實際上已經達成，他們的思想體系就開始被取代了。

導致繁瑣哲學崩潰的其他原因，就是人類之中學識的再生以及科學精神的再度被喚起，而科學精神導致人類更加瞭解數學和物理學，所以最終改變了人類對大自然的整個態度。

從十四世紀開始，繁瑣哲學逐漸衰微，爲文藝復興和學識的復興，即所有高貴和獨立情操的大規模復興的基礎，做了準備。古代的人曾非常喜歡這種高貴和獨立的情操，並且這種情操也爲其古典時期提供了特別務實的特性。

當然，文藝復興的起源可以追溯到比上述的時間更早的時間。我們已在艾法歐伊斯主義者（Averrost）的理性主義、傑伯特（Gerbert）和羅傑·培根（Roger Bacon）的修道院小室，以及人文主義之中，看到了文藝復興的起源。

但是，要一直到佩脫拉克在十四世紀前半葉引進了新學識，我們才能說，這種美妙的發展眞正在進行中。由於佩脫拉克的緣故，自由思想被喚醒，好奇心受到激勵，而良知也似乎被建立起來了。

佩脫拉克敢於抨擊繁瑣哲學思想的中心點。他攻擊羅馬教會。他跟朋友薄伽丘一起出版手稿，實際上是義大利文藝復興的開創者，整個一生中不停地鼓勵和促進人們對古典文學的興趣，做了很多喚醒這種興趣的工作。他所立下的典範很快爲人所遵循。義大利變成一個學識中心，並且我們也知道，隨著時間的推移，人們完全學會希臘和羅馬的語言，所以學者們再度以這兩種語文書寫詩和散文。很有趣的是，甚至教會也對這種古典精神的再生產生了影響。教皇尼可拉斯五世和李奧十世就是例子。

十五世紀結束時，人們幾乎重新利用了希臘和羅馬的知識，中世紀思想模式的枯燥和曖昧不明爲人所輕視，被人所摒棄——人文主義的運動實際上已獲得勝利。

再生的進展程度令人驚異，其速度令人不可思議，從義大利往北發展到德國，然後到荷蘭、西班牙、法國和英國，凡是其影響力為人所感受到的地方，都喚醒了人們的天賦，掃除了好幾世紀的知識蜘蛛網。

我們並不想評斷這種再生運動在多大的程度上導致德國的宗教改革。我們不如聽聽尼采自己針對歐洲歷史的這個階段說了什麼話。

「德國人使得歐洲損失了歐洲人將要享有的最後一次文明大豐收——文藝復興。我們有瞭解——我們希望瞭解文藝復興是什麼嗎？文藝復興就是：對基督教價值的重新評估，就是以所有的方法、所有的本能、所有的天賦努力去促成對立價值——高貴的價值——的勝利。最偉大的戰爭莫過於文藝復興，最決定性的問題莫過於文藝復興——我的問題是文藝復興所提出的問題。不曾有一種攻擊形式比文藝復興更基本、更直接、更有力地全面攻擊敵人的要害！攻擊最具決定性的地方，攻擊基督教本身的中心，把高貴的價值安置在王座上，也就是把高貴的價值引進那些坐在王座上的人的最基本渴望中……我在眼前看到一種可能性，那就是一種完全超自然的迷人事物及色彩魅力，我覺得這種情景發出亮光，呈現各種顫動的優雅之美，有一種藝術在其中運作，很神聖，很具異常的神聖性，就算尋求一千年，也無法尋得這樣一種可能性的第二個例子。我看到一種情景很是巧妙，同時很具美妙的弔詭意味，奧林匹斯山的所有神祇會引起不朽的笑聲——凱撒．波吉亞（Caesar Borgia）成爲教皇……瞭解嗎？嗯，這會是只有我此刻正在渴望的勝利——基督教會因此被廢除！發生了什麼事呢？一個名叫路德的德國修士來到羅馬。這位修士本性中具有失意的神父所有的報復本能，對於羅馬之中的文藝復興非常生氣。他並沒有表現最深沉的感激之情去瞭解所發生的可驚之事——即基督教的中心已被征服。他心存憎恨之意，只知道如何從這種情景中吸取營養。一個信仰宗教的人只想到自己。路德看到天主教的腐化，然而人們所覺察到的卻是相反的一面：古老的腐化，即『基督教』這個原罪，已經不再坐在教皇的王座上！坐在其上的是生命！生命的勝利！對所有高貴、美麗和大膽的事物擁有強力的肯定！而路德再度恢復了教會：他攻擊它……文藝復興變成一個沒有意義的事件——一個非常無效的事件！而那些德國人，他們讓我們付出多大的代價啊！無效——這就是德國人的成就。——宗教改革；萊伯尼茲；康德以及所謂的德國哲學；『解放』戰爭；帝國——每次都是一種已經存在的東西、一種不能挽回的東西變得無效了。」

「我坦承他們是敵人，這些德國人：在輕視他們的同時，我輕視觀念和評價方面的每種污濁狀況，輕視他們在面對每種坦率的『是』與『否』時所表現的每種懦弱。他們已經幾乎有一千年的時間處於混亂之中，無論他們觸碰到什麼，他們的良知上總是出現使得歐洲生病的所有半桶子東西、所有八分之三桶子東西——他們的良知上也出現最卑劣的那種基督教，最不可救藥、最無法加以反駁的東西——新教。如果我們看不到基督教的終結，那是德國人的錯。」32

尼采視爲非常重要的這種運動成果，可以見之於西方歐洲國家的每個地方。縱使一些較偉大的人物只在一世紀之後才出現，但他們的智慧種子卻無疑可以追溯到文藝復興。在這方面，我們只要想想維魯南姆的培根（Bacon of Verulam）、伽利略、湯瑪斯、霍布斯、笛卡兒、史賓諾莎、約翰．洛克……等。

在這樣快速實現歐洲人心智的進展之後，我們已經看出，從基督誕生到文藝復興，幾乎所有最佳的可用知識分子，好幾世紀以來都專注於一個主題——向異教徒證明基督教的眞實，以及努力要使基督教教條滿足於理性，這是以後的教父哲學和繁瑣哲學的成果。然後，忽然之間，好像被一道吉祥的瞭解之光所照亮，歐洲人的心智似乎變得較清晰；那些決心要呼吸較自由、清新空氣的人出現了。

腦部和肺部的更多自由、思想和行動的更大機會，對於「爲何」與「如何」的更強烈要求——這些都是那些努力爲歐洲提供文藝復興的人的理想。

人文主義甦醒過來，伸展身體，把它那些刺激作用的本質灌注進中世紀義大利的精神之中。如果繼續去證明那種一般爲人接受的眞實情況，那就似乎是很無意義了，因爲那種基督教形上學當時被認爲是一種無懈可擊的確實之事，幾乎不需要提及。所需要做的事是進行探究——那種會擴大知識基礎的探究。

很奇怪的是，不曾有人試圖去懷疑「基督教教條」。人們仍然相信，上帝是一種位於他所創造的世界之外的力量；這個世界在他的監管之下繼續存在，他可以隨心所欲干涉這個世界的存在。然而，漸漸的，最初的中世紀科學家們開始觀察到，事情不會單獨發生，宇宙的現象中存在著和諧的現象。他們開始在之前似乎是混亂的狀態中看到了律則和秩序，人們開始從結果追溯原因。人們需要有一種新的上帝概念，以符合這新的一面，於是一個不是位於這世界之外而是位於這

32、C．W．，三五〇頁，三五二頁。

世界之內的上帝就被描繪出來了。

上帝與這世界並置，兩者互爲表徵。這就是泛神論。布魯諾（Bruno）以及以後的史賓諾莎（與笛卡兒相反）詳細說明這種觀點。希望避開這兩人的萊伯尼茲，提出了他的單子論。要詳細描述這個理論是既不方便也不必要的。因此我們只要說：這是最後一次以哲學的方式大規模地努力要維護基督教形上學。

然而，當笛卡兒、史賓諾莎和萊伯尼茲在專心於形上學研究時，當他們在沉思萬物的開始與結束時，我們的哲學家培根、霍布斯和洛克——平凡的成分多於理想的成分，算計的成分多於沉思的成分，事實上英國的成分多於歐陸的成分——則正在開闢今日所謂的經驗主義的途徑，而經驗主義就是基於經驗、實驗、歸納的哲學。這種哲學將影響伏爾泰、孔迪拉克（Condillac）以及其他很多法國和德國作家，並終將使得尼采做以下的宣稱：

「歐洲的卑賤，即現代觀念的粗俗風格，是英國的成果和發明。」[33]

然而，所有這些人，笛卡兒、史賓諾莎、萊伯尼茲、培根、霍布斯、洛克以及以後的休姆，雖然在兩個完全不同的方向追尋眞理，但並沒有針對基督教形上學進行決定性的攻擊——儘管事實上霍布斯的觀點偏向無神論，而休姆則公開反神學。這個方向的明確一步留給康德來踏出，他主要是受到休姆的懷疑主義所刺激，建構了他的「批評哲學」。

雖然康德身爲哲學家的主要長處，是在於他檢視我們的知識的價值以及我們獲得知識的方法的價值，但他的後期作品中的不可知論元素，卻使得現代思想有了轉變，這種轉變很新穎，使得人類的智力很成功地解脫所有神學偏見，所以以最近的哲學沉思觀點來看，我們可以賦以這種轉變一個更重要的地位。

「只要一種哲學超越經驗的領域，但沒有事先檢視知識的機能來證明這種情況是正確的，康德就把這種哲學視之爲一種『教條主義』的形式。他說，要證明有一個上帝是不可能的。到目前爲止所引用的證明都是虛假的。因此，湯瑪斯·赫胥黎和赫伯特·史賓塞對宗教所採取的態度，已爲康德所預示，而我們知道，康德最終是給了基督教形上學沉重的打擊。可是，他在內心深處卻相信上帝以及靈魂的不朽；值得觀察的是，基督教道德對他而言是神聖的，因此他變得無理

33、G·E·，二一三頁。

性。然而，在他的作品中，他的理性部分戰勝了感情。雖然他不曾對基督教道德有所懷疑，但他卻摧毀了對於基督教的最強烈希望和最無情的恐懼。康德就像史賓塞一樣，並不特別反駁基督教，只是強調說，所有的形上學都是無意義的——不可能的！」

此時，思想的自由是很鞏固了。康德已經摒棄了古老的哲學體系，視之爲站不住腳。此時，新形上學的創造者在康德的國人之中出現了。黑格爾的「絕對唯心論」體系出現了。對他而言，哲學是「絕對事物」的科學。他的哲學奠基在人類之上——奠基在歷史之上。接著叔本華提出一種學說，可以描述爲「從康德的唯心論到現今盛行的現實主義的過渡形式。」他在名聲的程度以及信徒的數目方面都取代了黑格爾。

我會在下一次的演講中討論到叔本華的人生觀，所以我在這兒只需要這樣說：他實際上沒有改變基督教道德。這一點是很重要的，尤其是因爲道德是他相當注意的一個主題。

基督教形上學面對叔本華的哲學，可以說是遭受到致命的一擊。無論如何，就像在中世紀時基督教形上學並沒有被視爲一個問題，而是被視爲一種已經完成的事實，只需要理性來加以支持——就像在康德之前，哲學家已經開始強有力的批評基督教形上學，只不過總是希望保有它—同樣的，此時（也就是十九世紀的前半葉），基督教的道德還沒有變成一個問題。

人們都很清楚瞭解到「基督教道德」一詞涵蓋了什麼嗎？我們之中一些人可能會抗議說，我們並不是基督徒。在尼采的哲學中，「基督教道德」意指：那種以一種「行爲理想」的姿態君臨於現今世界最文明的部分中的道德。它是我們所繼承的道德哲學，且我們毫無疑問地努力要使它成爲我們自己的道德哲學，儘管我們事實上可能是不可知論者、無神論者，或者對於任何形式的信仰或不信仰完全無動於衷。

我們經常要求這種道德及其價值「善」與「惡」做自我保證。道德家不相信這種道德具有神聖本源的可能性，他們會把多多少少似可信的本源加諸其上。人們都非常辛苦地這樣做。出現在基督教形上學的情況也出現在基督教道德上。問題是：可以讓它跟理性相容嗎？我們仍然能夠藉由理性讓那些拋棄古老「信仰」的懷疑者遵守基督教道德嗎？

要記住，這些人之中有很多是非常強烈的無宗教信仰者，他們盲目地攫住基督教的善惡觀念，視爲不可避免的結論，殫精竭慮地努力要把那種在他們已經拒斥的信條中很是盛行的道德價值建立在理性和科學原則上！

有些人在一種「道德意義」中尋找古老道德的權威，有些人在快樂和不快樂的感覺中尋求它，還有些人在律則中或在權宜和非權宜中尋求它，還有一個人在一種「定然律令」中尋求它。

無論如何，似乎沒有一個人在面對「善」與「惡」兩詞時停下來自問：以下的語詞是什麼意思：「經由生命之鏡看清！」

我們將會看出，這些道德哲學家所採取的步驟，只是一長串步驟中的第一個步驟，而這一長串的步驟導向一個較急迫和基本的問題：我們要去執著於那些在今日盛行的善惡觀念嗎？無論其各自的本源或權威可能是什麼，善惡與人類生活之間的關係，難道不是仍然值得爭辯嗎？——或者，儘管事實上現存的評估已經失去了其超世俗的保證，我們仍然瞭解這些評估嗎？

文藝復興以來的所有哲學家，已經把古老宗教的道德留在原來的地方；不只如此，我們已看到，很多哲學家已經努力要以理性的方式把它固定在原來的地方，也就是說，他們已經努力要把它重建在科學之上，希望讓它能與人們對於這個世界的觀點相容，因爲這個世界的人正越來越有信心地以科學的方式瞭解一般的事物。

尼采觀察到，在他的時代之前所出現的每種道德論述之中，都看不到道德本身的**問題**，也完全看不到人們認爲道德是問題。[34]

以雷奇（Lecky）的話來說，哲學家們已經很滿足地認爲：「一種道德哲學的要務是要說明以及證明我們的道德情操，或者換言之，是要指出我們如何獲致有關責任的觀念，並提供我們遵照這種觀念去行事的理由。」[35]簡言之，哲學家們把我們的善惡觀念視爲當然，他們所經常專心的問題是：如何以最好的方法證明這種觀念，或者讓這種觀念與理性相容。

34、G．E．，一〇四頁。

35、《從奧古斯都到查理曼的歐洲哲學史》。

現在我們準備要瞭解以下這種情況：世人忽然嚇呆了，因爲有一個人出現，他完全超越這些道德妥協者，超越這些以削足適履方式切割不適應者的人，就像康德超越那些在他之前的形上學家。

我們幾乎能夠同情歐洲人想必感受到的震驚，因爲在對於道德的迷亂抱怨之中，有一個人忽然吼叫出來，發出眞實的雋語歡呼聲：「還沒有人知道什麼是善與惡！」

「沒有人知道？嗯，一會兒之前，我們全都知道呢！」這是困惑又震驚的歐洲人發出的呼叫，這些歐洲人相信，尼采想必是在口出狂言！

「爲道德提供一個基礎」，其總結果是什麼呢？尼采這樣問他背後的道德家。簡單地說就是：我們聽到了你們的博學措詞，表達出你們對於那種現今剛好在你們那個區域盛行的道德的強烈信心。[36]但我用你們自己的語言告訴你們，「生命本身基本上是不道德的！」[37]

「生命是盜用、傷害、征服『陌生』與『脆弱』，是對其自身的形式表現壓制、嚴苛、強迫的行爲，是合併，最後，以最溫和的語詞來說是剝削。」[38]

我們知道，這就是一切，但現今我們卻不想要這樣認爲。我們知道，這就是一切，但我們卻寧願昧於眞正的事實，寧願跟史賓塞一樣簡單地說：「生命是活動！」[39]

「活動」可能意味著任何的事物，無害的或有害的。因此，我們必須界定所使用的語詞。進化論怎麼說呢？他們所談到的活動是「對生命的掙扎」。

尼采說，這種界定是不足夠的。他警告我們不要將馬爾薩斯（Malthus）和本性混爲一談。[40]這個地球上的生命之間不僅只有「對生命的掙扎」而已。[41]被認爲導致這種掙扎的「需求」並不像人們所認爲的那樣常見。想必有某種其他的力量在運作。難道沒有不爲生存而掙扎的攻擊行爲嗎？尼采的回答是肯定的，其理由

36、G．E．，一〇四頁。
37、《悲劇的誕生》（德文版），一〇頁。
38、G．E．，二二六頁。
39、《生物學原理》，第一卷，一一三頁。《倫理學原理》，第一卷，四八五頁。
40、C．W．，一七七頁。
41、關於這一點，請參閱W．H．羅爾夫（Rolph）的《生物學問題》（一八八四年版）中的一些有趣的話，九十四頁，九十五頁。

是：生命不只是努力追求生存的「活動」而已，也是努力追求權力的「活動」。隱藏在所有生命現象背後的動機力量並不是叔本華的生之意志，而是「權力意志」。「自保的本能只是間接和最常見的結果之一。」[42]每一種生命物種在行動時，都顯得好像只有它最終會在地球上變得是最重要的。無論它是藉由公開的攻擊或懦弱的欺騙而企圖達到這個目的，其動機都是一樣的。

尤有進者，生物把很多東西視爲比生命本身的價值更高。[43]因此，「生之意志」時常與一種更高的「意志」對立。那麼，生之意志有時必須爲之屈服的這種更強有力的力量是什麼呢？我們已經聽到尼采對它的稱呼——它是「權力意志」。

此時尼采進入事情的核心，把這種學說應用在人以及人的道德上。他問，在我們證明或說明我們現代的歐洲道德之前，我們確知現代的歐洲道德所提供我們的「善」與「惡」的價值會獲得支持或保留嗎？我們很清楚「善」與「惡」的意義嗎？

但尤其是，我們很清楚道德的意義嗎？「經由生之鏡看清」時，它是什麼樣子呢？

如果觀察大自然，我們就會發現，每一種生命都很本能地表現出最有助於其物種的盛行或至高無上狀態的行爲。如果它無法發現那種促使其物種獲得力量——藉由攻擊或欺騙——的行爲，那麼牠就可能會被消滅。有些動物已經註定要滅種，因爲牠們無法選擇那種最適合藉由數目、策略或純粹生理力量來征服其他物種的權力意志的行爲規則。但是，一旦牠們發現了那種行爲規則，且證明它有效又鞏固，那麼，它就會成爲採行物種的主要道德，帶著牠們走向勝利。這是非常清楚的。

因此，動物世界是持續的戰爭——有關行爲模式的戰爭——所構成的場景。如果一種狼吞虎嚥的物種採行那種在被吞噬的物種中很盛行的評估體系，牠就會滅亡，反之則不然。獅子的「善」是對牠有益的「善」。這種善可能是羚羊對於「惡」的觀念，事實上，一般而言是如此。如果獅子採行羚羊對於「善」的觀

42、G．E．，二十頁。

43、Z．，〈自我征服〉。

念，牠們就一定會停止對於羚羊的殺戮。

因此，尼采藉助於生物學所提供的證據探究一個問題：人們是否充分體認到，善與惡的觀念本來只是達到目的的手段，只是物種爲了獲得權力——藉以達到最重要地位的權力的權宜之計？

現今那種尤其關係到我們的行爲爭鬥，是在人類之中進行的爭鬥。這個事實一點也不會改變問題的最重要本質。無論我們在何處發現「善」與「惡」被用來指稱某種行爲模式，我們都可以確定，有一種特別的人類物種正試圖以這些價值做爲掩飾，以確定其至高無上狀態。

因此，到目前爲止，尼采在道德方面只是採取相對主義者的立場。他說，善與惡是相對的價值，它們是觀點的問題。絕對的善和絕對的惡是神話。

「查拉圖斯特拉見過很多國度和人民，因此他發現了很多人民的善與惡。查拉圖斯特拉在世界上沒有發現比善與惡更大的力量。」

「一個民族如果不首先評估價值，就無法生活。然而，如果他們要維持生命的話，就不能像鄰人一樣評估價值。」

「一個人稱之爲善的很多東西，卻被另一個人輕蔑：這是我的發現。我在這兒發現被人稱之爲惡的很多東西，卻在那兒被人相當尊敬。」

「一張價值明細表掛在每個人上方。看啊！它列出他們的成功，看啊！它表達出權力意志。」

「無論什麼東西使得一個人能夠支配、征服、出色，引起鄰人的恐懼和嫉妒，就會被認爲是高貴、一流、標準、萬物的意義所在。」

「人類確實是爲自己創造出所有的善和惡。他們確實不是去取得它們，他們不是去發現它們，它們並非從天上降下來的聲音。」

「價值只是由人們加諸於事物之上，使得人們能夠維持生命——是人們爲事物提供了意義，提供了一種人的意義。因此，人自稱自己是人，即價值評估者。」[44]

尼采把他所看到在這個世界發揮力量的每種道德原則，都歸諸於某種物種的意志，而這種物種會立刻希望去支配所有的同物種。

44、Z.，〈一千零一個目標〉。

姬蜂在沒有懷疑心的毛蟲的皮膚裡面產卵，而毛蟲以後會被孵出的小毛蟲吃掉，但牠還是必須認爲產卵是「善」事，而食人族認爲他們必須吃掉敵人，以獲得敵人的好本事和兇猛特性；我們在這個地球上所看到的每種行爲，其基礎在尼采看來就是自我普遍化或自我增進的本能，是對權力的渴望所導致的。

這種學說是一種啓示。伴隨絕對的善惡觀點而來的所有困難，在尼采的發現之光照射下，似乎都不見了。現在我們可以把分散在世界上人類居住地的衆多不同「善」的觀念集合在一起，對它們的本源一目瞭然。是的，我們眼前看到尼采有關善惡的意義方面的觀點，應該會感到驚奇，因爲我們發現，只有一種有關善的觀念在每個地方支配著。民族就像動物物種一樣，必須有不同的價值觀，否則就無法彼此抗拒。

雖然這個層面的道德，現在在我們看來可能很理性，但我們卻很容易瞭解，爲何（當它第一次呈現在世人面前，也就是說，當人們幾乎還沒有消化達爾文的理論時）幾乎所有的人都認爲它是很危險的瘋狂狀態。

基督教對於善惡的觀念，[45]可以說已經深入現代文明人類的血液中，尼采對這種觀念的看法，甚至和道德哲學家一樣，也就是說，將之視爲只需要加以說明的事實。雖然證據顯示，有其他道德在別的地方盛行，保護人們，對尼采而言是一種「難題」，但他仍然相信，他對於善的特殊觀念終將變得普遍，如此釐清這個爭論不休的問題[46]。

像尼采的結論那樣深沉的結論，當然不是一天或一年之間形成的。其實我們可以將它視之爲他終生研究的成果。他告訴我們說，早在十三歲時，他的腦海中就縈繞著惡之起源的問題。「學校中一點點歷史和哲學的教育，」他繼續說，「加上對於心理問題的一種天生和微妙感覺，在很短時間之中，把我的問題改變成另一個問題：在什麼情況和條件下，人類發明了對善惡的評估呢？還有，它們自身的明確價值是什麼呢？」[47]

然而，到了一八六四年二十歲時，他才開始要解決這個困難，其方式如下：

45、參閱本文三十三頁，三十四頁。

46、有一則對這種陳述的證實，很值得注意，請參閱色格維克（Sidgwick）的《倫理學的方法》，十四頁。色格維克雖然不是以基督徒發言，但其實是表達一個希望：所有的方法最終可能是一致的。

47、G．M．，四頁。

人們期望他在假日時從事研究，而研究將包括針對一個可以選擇的主題所寫出的拉丁文論文。他選擇了希奧尼斯（Theognis），而就在他研究此人的作品時，他對於這位作家使用「善」、「惡」語詞做爲「貴族」和「平民」的同義詞留下深刻印象。48

這是把他推入正確途徑的第一個暗示。跟著這個暗示，他越來越相信，世界上不可能有絕對或普遍的「善」和「惡」，不同種類的人想必都很本能地採行和堅持不同的評估行爲模式，就像不同種類的野獸也這樣做。希奧尼斯在紀元前六世紀把民主主義者視爲「不好」，把自己的一夥人視爲「好」。而當時梅加拉的暴君希爾傑尼垮臺，導致寡頭政治和民主政治之間的鬥爭，尼采認爲，特別使用「不好」與「好」這兩個字眼，從其中所能讀出的明顯事實是：希奧尼斯和他的一夥人希望維持他們的權力，所以必須把有可能阻撓這種自然欲望的任何力量視爲「不好」——所謂「不好」就是「對他們的特殊權力模式不友善」的意思。

從那時，尼采就開始以越來越懷疑的心理看待我們的現代價值「善」與「惡」，一直到他在以後的作品中有系統地陳述這個理論。

當然，我們已經有些道德家，或較好的說法是非道德家，他們攻擊基督教價值，沒有提供替代物。法文的作品很多，而現代的史蒂尼爾（Stirner）已經提供我們一部有關這個主題相當具獨創性又很深沉的作品。[49]但在尼采的作品中，有關任何現代倫理學學派的唯一善意的評論，卻與赫伯特．史賓塞有關。史賓塞的見解雖然不爲尼采所認可，卻被視爲「心理學上站得住腳」。[50]

基督教形上學在尼采身後形成廢墟，我們可以看出，他踏出跟康德一樣大膽、驚人又必要的一步，但他面對的是他的偉大先行者和正統世界也許看得比形上學更神聖的基督教餘緒。

尼采攻擊基督教道德。他宣稱，基督教道德就像所有其他道德一樣，只是一種權宜之計，用以提供權力給某種類型的人，或使得他們變得普遍化。他的勇氣是空前的，他的不道德當然是——可怕的！

48、道森（Deussen）著，《回憶腓特烈．尼采》，十一頁。

49、《自我及其所有》。

50、G．M．，二十頁。

一旦我們認知到，所有的道德只不過是不同的民族所採行的規則，爲的是讓他們的物種永存下去，或者使之成爲唯一最重要的物種，我們就看出，尼采必須面對令人不安的推論：所有種類的人，就像所有種類的動物，一定會在什麼時候喜歡進行說教。因此，衝突性的道德規則只不過是不同的人種的衝突性武器。如此，一個要加以回答的重要問題並不是：是什麼種類的人相信某種道德原則，努力要根據它行動？而是：這種道德原則想必是源於什麼樣的人的內心中？——因爲這樣我們就會清楚，什麼類型的人最終會把他們的生存歸因於這種道德原則。

此時，我們要允許什麼種類的道德來支配呢？這個問題的解決將決定誰終將成爲世界的主人！

我們知道，基督教已花了兩千年的時間要解決這個問題。尼采說，讓我們停下來自問：誰正在基督教的支配下獲得權力？

我們現在能夠瞭解他怎麼說：「善與惡本身只不過是層層的陰影中的陰影，只不過是令人沮喪的痛苦和飄浮的雲。」51

我們能夠瞭解他的呼喊：「當我走進人群裡，我發現他們坐在『自負』之上。他們全都認爲他們已經早就知道什麼對人是善和惡。」

「所有有關美德的言談，在他們看來都是一種古老、令人厭倦的東西。凡是希望睡好的人，仍然在睡前談到『善』與『惡』。」

「我打擾了他們的睡眠，因爲我教他們說，還沒有人知道什麼是善與惡！」[52]

我警告過你們：我們早就應該在英國開始閱讀和學習尼采。我想，你們現在會願意承認：他的哲學的重要性證明我的警告是正確的。由於宗教約束力消失了，而道德評估只不過是一個物種自我增強的權宜之計，所以道德獲得了巨大的好處，那就是：它免於所有道德污點！——古老意義的美德或惡德。道德在道德家手中變成一種可以調整的工具，用以培養一個物種，一個征服世界的物種——只要道德家所寫的規則意在使得這個類型的物種變得興旺。

「你們用你們的價値和善惡語詞來發揮權力，你們這些進行價値評估的人。」[53]

51、Z.，〈日升之前〉。
52、Z.，〈舊桌與新桌〉，第二節。
53、Z.，〈自我征服〉。

「查拉圖斯特拉在這世界上沒有發現比善與惡更大的力量。」[54]

我們會爲了最高的理想而弄這些價值。問題不是：過去我們把什麼東西視爲善與惡而珍視和看重，而是：我們要允許什麼善與惡的觀念持續下去？

我們現在可以隨意選擇善與惡，我們現在有完全的決定權利。傳統的規範已經從我們的頸中除去。我們已經有太久的時間，把本源純然具人性成分的律則歸因於一種太管閒事的神所具有的創造力。在這點上，尼采和赫伯特．史賓塞是完全一致的，就像教會之外的大部分現代道德家一樣。

「誰將是世界的主人？」這是無比重要的。尤有進者，這是一個困難重重的問題，因爲就像所有眞正重要的問題一樣，這純然是品味的問題。

道德最終而言完完全全是一個品味的問題。由於我們對於道德的價值評估做了選擇，所以我們洩露了有關我們對於人的選擇方面的事；在「我們想看到什麼種類的人得到權力」這個問題上，我們洩露了我們的品味。

尼采非常清楚，顛覆所有的善惡內容，然後建構一種可以與他的理想人類相容的新內容，意味著放棄他身爲相對主義者的身分，因此他很強調地承認一個事實：除了他的方法之外，還有其他方法，[55]也因此他在以下的言詞中明確地表達他

對於道德的態度：[56]

「沒有善，也沒有惡，只有我的品味，而我對品味不會感到羞愧，也不會加以隱藏。」[57]

然而，我們在新的途徑上所面對的第一個問題是這樣的：我們置身在一個已經擁有道德價值的世界中，難道要完全放棄這些現存的價值嗎？我們要如何從過去的價值中選取一些價值，而我們仍然認爲這些價值與我們的理想相容，與我們會看出是最重要的人相容？

尼采給了我們線索，但很奇怪的是，隨著線索也出現了他的道德哲學的一個部分，而這個部分也許樹立了最令他懷恨的敵人中的四分之三。

54、Z.，〈一千零一個目標〉。

55、Z.，〈莊重的精神〉，第二節。

56、關於這一點，請參閱A. 提雷博士（A. Tille）的《從達爾文到尼采》，二三八頁。

57、Z.，〈莊重的精神〉，第二節。

他說，[58]他已經探究了到此爲止已經在世界上盛行或仍然盛行的較精緻和較粗陋的道德，並且在所有這些道德中已經發現了一些特性很有規律地同時重複出現，所以，他最後辨認出兩種基本的類型——兩種不同種類的道德，似乎在這個世界中處在一個永久衝突的狀態中。在兩邊的人類之間有一種戰爭持續著，一邊是有力、高貴、強壯、健康的人，另一邊是無能、卑下、脆弱、不健康的人。這種戰爭是一種價值戰爭。歷史顯示，有時它會變成葡萄彈和斷頭臺的戰爭——一種你死我活的戰爭，但是所護衛的價值經常一邊是**主人道德**，另一邊是**奴隸道德**。

尼采體認到一個事實，但那些宣稱自保本能是有機生命的最重要動力的人，卻最爲忽視這個事實。

「有生命的東西尤其努力要釋放其力量，」[59]他說。強健又充滿活力的人的自然功能就是：釋放他們的力量、消耗他們的精力。

「如果需求力量，是爲了不讓力量顯示是力量，不讓力量成爲一種征服、壓制變成主人的意志，是爲了不讓力量成爲渴求敵人、阻力和成功的力量，那就像需求脆弱是爲了讓它顯示是力量一樣荒謬。」[60]

強有力的人將會、必會釋放他們的力量，而在這樣做時，他們對環境中其他人所造成的破壞是難免的。他們的精力過剩，他們生活中的任何環境都無法將其吸收，也無法加以使用。這種精力過剩的情況造成他們的壓力，說明他們「爲破壞而破壞」的行爲。這也是一種動機力量，可以說明他們表現以下行爲的意志：表現征服的行爲、在沒有即刻需要的情況下表現創造或破壞的行爲、表現任何創造的行爲，以及表現歌唱、喊叫、跳躍、遊戲、玩耍、殺戮、壓迫和追求危險的行爲。強壯又精神充沛的人所表現的這些自然功能，就像所有自然功能一樣，必然被那些擁有這些功能的人認爲是善。這些強壯的人一定會像所有希望維持力量的人一樣進行價值評估，他們在任何社區中都是天生的主人，所擁有的特性在社區中都意味著自我膨脹，只要是對他們而言是善的東西，他們都宣稱是善，而惡

58、G.E.，二二七頁以下。
59、G.E.，二十頁。
60、G.M.，四十四頁。

對他們而言則意味著所有與他們不同的東西——可鄙的、脆弱的、不健康的。

但是很奇怪的是，有一種情況是主人和奴隸都出現，那就是，兩者無論如何都希望讓他們的物種變得最重要，並且如果可能的話，達到至高無上的境地。所以天生的奴隸，也就是卑下、不健康的人，也會說教，這是很自明、天生註定的情況。他們想必也有「善」的觀念，而這種觀念想必也是一種自我增強的觀念；這想必是他們的善，凡是阻撓它的一切都是**他們**的惡。我們會發現脆弱和不健康的人這樣說教嗎？尼采希望人們注意；他說，脆弱和不健康的人是會這樣說教的。

他用以下的說法來說明他的意思：主人道德就是站在上面、俯視下面，如此獲致自身特別的眼界，而奴隸道德就是站在下面、看向上面，如此獲致完全是自身的眼界。[61]

在第一種的主人道德中，老鷹從突出的岩石俯視吃草的小綿羊，認爲「吃小綿羊是善的」。在第二種的奴隸道德中，小綿羊從草地往上看，發覺到老鷹，就發出不同意的羊叫聲：「吃小綿羊是惡的。」

我們知道，這兩種情況存在於世界上的每個地方。人類不論種族區分，都分屬這兩大類。尤有進者，我們不得不承認，這兩類的人都會說教，都被迫說教，以便滿足那種爲自己的物種獲得權力的急迫欲望。但一旦我們承認這一點，就完成了尼采希望我們去做的一切，因爲這是今日的整個道德問題的關鍵，這是回答尼采那縈繞人們腦海的問題——「誰會是世界主人？」——的線索。

當然，就像《超越善惡》一書告訴我們的，在所有較高等和混合的文化中，現今已有人努力要調和這兩種道德；現在，我們很少發現這兩種文化形成尖銳的對照而並列在一起。比較常見的是，它們在一個社會、一個人、時常在一個靈魂之中混雜在一起。

但是，爲了可能在面對它們時去追溯它們，並知道如何去區分它們，我們只需要想到一件事：當統治階級和被統治階級開始說教時，可能出現了什麼情況。

先講統治階級。顯然他們斷定靈魂的高傲和尊貴狀態是「善」，就像他們把所有涉及力量、權力、健康、快樂和威嚴的一切視爲「善」。就這第一種階級而

61、G．E．，四十三頁、四十四頁、二四一頁。

言，「善」與「惡」的對立，其意義就像「高貴」、「可鄙」的對立。甚至本來表達社會地位的「高貴」一詞，在使用於性格上時也讓我們看出：那些第一次擅用此詞來指稱他們階級的人，想必是什麼樣的人。[62]

在主人道德中，「惡」想必是用在以下這些人身上：懦夫、過分焦慮和爲瑣事操心的人、「注意獲利最大機會」的人，也用在以下這些人身上：眼光鬼鬼祟祟而懷疑別人的人、自我貶低的人、像狗一樣甘於受虐待的人、乞求別人的諂媚者，尤其是說謊的人。在所有的貴族社會中，人們基本上相信，群眾中包含有說謊的人。「我們是深信不疑的人，」高貴的希臘人這樣談到他們自己和與他們同等的人。

第二種的奴隸道德，情況就不一樣了。只要社會受到壓迫、受苦、受到約束、令人厭倦，那麼所有會緩和痛苦狀態的一切，就會被視爲善。同情心，助人的手、溫暖的心、耐心、勤勉、謙卑以及對於榮譽的暗中喜愛——我們無疑會發現這些特性充滿贊同和讚賞之光，因爲它們是最有用的特性——它們使得生命變得可以忍受。對這個階級而言，所有威嚴的事物，都不會被認爲是善，因爲它們屬於統治階級的道德，會是最大的惡，是最嚴重的惡，因爲它戕害社會存在的根。力量、健康、過度的精力，以及任何種類的對立力量，會被被統治階級以憎意、懷疑和恐懼心理對待之。對他們而言，他們的統治者的美德是無益、無意義、邪惡的。甚至那些高高在他們之上的人的快樂，也會被他們視爲是虛幻和虛假的。只要一個人無惡意、性情溫和、容易受騙，也許有點愚蠢——簡言之，是一種好人——他就會被認爲是他們之中的「善」。[63]

對於這兩種基本類型的道德約略分析後，我們有了一種試金石，可以用來檢驗我們眼前的選擇工作。除非我們十分冷淡，否則我們一定會知道，現今最必要的工作是選擇的工作：不僅僅在道德方面，或許也在我們社會生活的每一部分。

尼采如此，我們也會一樣。我們會到處發現主人道德奴隸道德混淆在一起，有時無法辨認。如果我們到處發現人像小丑一樣，身上補綴著「主人」和「奴隸」兩種東西，那也不用驚奇。在世界的某些部分——不一定離家很遠——我們

62、關於這一點，請參閱史賓塞的《社會學》（第一版），第一卷，六八七頁。

63、G．E．，二二七頁——二三二頁。

可能會發現奴隸道德勝過主人道德。我們可能在那兒觀察到是什麼類型的人在現存的情況下正在支配著。在還沒有決定我們的善與惡將來會如何之前，我們必須在心中適當地衡量這種觀察的結果。當尼采囑咐我們要採取超越善惡的立場時，他就是這個意思。這就是他會要所有新哲學家採取的立場。同時，這種立場也爲他贏得「善良與公正者」那親切的嘴裡所說出的「危險」、「不道德」和「邪惡」字眼。

「有一種古老的幻象叫做善與惡，」查拉圖斯特拉這樣宣稱。目前爲止，這個幻象之輪已經繞著算命者和星相學家在旋轉。

「人們一度相信算命者和星相學家，因此他們相信：『一切都是命運。你將會如此，因爲你一定會如此』」

「然後，他們在另外的時候不信任算命者和星相學家，因此他們相信：『一切都是自由。你能，因爲你將！』」

「哦，我的兄弟們，至於星象和未來，只是幻象，沒有知識！」

約略地說，這樣就結束了尼采對於過去的道德的分析。嚴格地說，現在我們應該處理尼采如何看待「良知」和「罪惡感」的問題。然而，由於我們無法充分地做到這一點，而這兩個問題又值得認眞處理，所以雖然有希望處理，最好的方法還是在這兒完全避開，讓我以後可以再處理。

我們已經看出，尼采除了是不道德家之外，也是一位道德家。他之所以破壞，只是爲了能夠重新建設。「一個人如果一定要成爲善和惡的創造者，」他說，「就一定要先成爲破壞者，把價值加以粉碎。」[65]

尼采告訴我們，道德只是品味的問題，然後他就開始洩露他在這個最重要的問題方面的品味。

尼采像一位貨幣學者一樣，拿起我們所珍視的每個善惡觀念，加以檢視。在評估價值之前，他先探究一個問題：貨幣原來是在什麼智力貨幣廠鑄造的。他提出這個問題，加上他在檢視現代歐洲價值時，以無情的方式提出這個問題，並加以回答，這樣實際上就構成了他對道德的觀點的精髓。

64、Z.，〈舊桌與新桌〉，第九節。
65、Z.，〈自我征服〉。

關於他提供我們一種道德律，以取代他要我們部分放棄的道德律，以及這個道德律所要達到的崇高理想，我現在無法跟你們談論。在下一次的演講中，我將討論「超人」問題，我會描述尼采的理想，也就是，描述符合他的品味的人，而在最後一次演講「道德家尼采」之中，我將試圖處理他的道德哲學中有建設性的一面。

現在我們只要注意到記錄上沒有污點，注意到我們已經聽到警告：不要被古老律則和原則的血沾污到，因爲這種古老律則和原則可能急於在我們的新律則中占有一個地位。

道德是我們自己要加以解決的問題。因此，我們必須決定我們的善與惡。過去的民族、種族、以及部族的善惡並沒有完全受到譴責，只是失去了全部的權威。

除非我們對道德的評價有一個既定的目標[66]，除非這種評價有利於某一人種的增強，否則它是無意義的，所以顯然我們的責任是去決定這一人種的情況會是如何，然後才據以決定我們的善和惡。[67]

我們所肩負的責任是很巨大的；我們的魄力被加在我們所有人身上；我們的

品味成爲我們主要的監視器。當我們說出我們的理想、我們的善與惡是什麼時，當我們宣稱我們要使誰成爲世界的主人時，我們就向世人洩露了我們的品味。

我幾乎不必告訴你們這件事：當尼采邀我們重新考慮立場時，他是多麼深深地意識到他所加諸我們的責任。以下摘自《查拉圖斯特拉如是說》的文字，就是夠證明他的眞誠，我也以這些文字做爲結論：

「哦，我的兄弟們，當我囑咐你們打破善以及善的內容時，我只是讓人們登上駛往公海的船。」

「只是此時出現了人們的嚴重恐懼、嚴重的環顧動作、嚴重的病、嚴重的厭惡之情、嚴重的暈船情況。」

「善教了你虛假的海岸和虛假的安全。你在善的謊言中誕生、隱藏。經由

66、赫伯物．史賓塞《倫理學原理》第一卷，三十三頁：「……『完美』的觀念，就像『善』的觀念，只能在與『目的』的關係中建構。」

67、參閱《從達爾文到尼采》（A．提雷博士著），十九頁，二十二頁。

善，一切都已從根變得虛假、扭曲。」

「但是，有誰發現『人』這個陸地，他也就發現了『人的未來』這個陸地。」

「現在你們在我看來將是水手，勇敢、有耐性的人！」

「及早挺直地行走吧，哦，我的兄弟們，學習如何挺直地行走！海出現暴風雨，很多人希望藉由你們的幫助，自我提升。」

「海出現暴風雨。一切都在海中間。就是現在！你們這些老練的水手，來吧！」[68]

68、Z.，〈舊桌與新桌〉，第二十八節。

02 超人[1]

按照順序接著處理尼采的「超人」學說，是很合適的事，並且也是基於前一次演講所陳述的理由。我們記得，我們曾在前一次演講談到，道德價值是十分沒有意義的——如果它沒有獲得某類特殊的人所支持，做爲其目的、目標。

「誰會成爲世界的主人？」這是在我上一次的演講中一再出現的問題。我們看出，這完全是品味的問題，尤有進者，這是我們自己要決定的問題。我們也看出，在決定這個問題時，我們又涉及一個更複雜的問題——道德的問題，並且這個問題制約了另一個問題。

以尼采的「超人」——他在人方面的品味——爲例，在時間來臨時，我們首先最好準備好去瞭解他所希望藉以達到目標的那種道德。我已經告訴你們了，我將在最後一章討論這種道德。

尼采談到自己時，把自己視爲初生之子，並且補充說：「初生之子經常被獻祭。」初生之子經常被獻給那些放置於社會古老偶像聖壇上的古老偶像。初生之子年輕，他們的肉仍然很嫩，會滿足古老的口味。既然初生之子可以刺激古老的偶像祭司，他們如何可能避免成爲祭品呢？[2]

尼采在一八八三年時就已經能夠以這種方式談到自己，以及他希望集合在身邊的那些人。他已寫了他的《查拉圖斯特拉如是說》的兩個部分，已向世人發表了五部最具獨創性的作品，並且從這些作品爲人接受的情況，他開始瞭解到：他口中說出來的話，並不是當時的人耳中聽得進去的。

人們不喜歡他們所不瞭解的話。新奇的東西令他們厭煩，凡是會影響他們的得意自在感覺的事物，他們就毫不猶疑地加以拒絕。簡言之，就如同他告訴我們

1、一九〇八年十二月二日發表於倫敦大學。
2、Z.，〈舊桌與新桌〉，第Vi節。

的，他們把他像初生之子一樣，獻給那些仍然支配著他們的偶像。

尼采特別診斷了歐洲的文化，發現它患了一種可怕的疾病——「意志的痲痹」[3]他發現歐洲人沾沾自喜地安於一種可憐的自滿，而他的一生就是努力要喚醒歐洲人去感覺到所面臨的危險。

是的，他很擔心歐洲人，甚至希望他們有一個可怕的敵人[4]，迫使他們要下決心變得同樣可怕。一方面，有一種「寂靜主義者」（Quietist）相信：「一切都是同樣的；沒有什麼事情是值得的，這世界是沒有意義的，知識被窒息了」；另一方面，有些人仍然狂熱地堅信基督教是最好的選擇，最好的鴉片——最柔軟的躺椅。還有另一種人，雖然對於超世俗的可能性顯得很冷漠，卻願意接受任何主張或信仰，只要它的明確目標能夠使得追隨者大大遠離任何種類的痛苦。

然而，所有這些人卻一致同意「進步」這個觀念的理想化。它意味著，在某一個時候——盡可能在很近的時候——整個文明世界就不會有令人害怕、令人顫慄的事物。[5]

在所有的地方，美德都與那些會帶來最大可能的安逸的特性結合、混淆在一起。最有美德的人是最溫馴的人，因爲他最不可能騷動其他人的感覺，最不可能在象徵平和與舒適的靜水中引起漣漪。

「遵從一種既定、無害、馴服的類型」，「習俗、觀點都千篇一律」，以及「幾乎沒有欲望」——當尼采把注意力集中在歐洲人時，歐洲人的理想就是這些。那些實現這些理想的歐洲人，則相信他們自己已經解決了生活的問題。

尼采及其充滿活力的教導，把冷漠的人從睡眠中驚醒。他從信仰宗教的人的身體下面奪走柔軟的躺椅。有些人認為最大的善必定是在於完全壓制痛苦，他對這些人說出了這段話：「什麼是善？你們問道。勇敢是善。就讓少女們去說：善是同時美妙又動人的。你們說，善的目標甚至會使得戰爭變得神聖？我對你們說：善的戰爭會使得每種目標變得神聖。

「戰爭和勇氣比愛鄰人做了更多偉大的事情。」[6]

3、G．E．，一四五頁。

4、同前，一四六頁。

5、G．E．，一二五頁，一二六頁。

6、Z．，〈戰爭與戰士〉。

他對所謂善良的人大動肝火。他告訴他們說，他們是粗俗的群衆，他們所專心的事情是舒慰自己以及讓自己屈服。「只要事情把個人提升到群衆之上，造成鄰人的恐懼，你們就說它是『惡』，」他說。另一方面而言，「寬容、謙虛、自我適應、自我同等化的傾向，以及欲望很平庸，則會在你們之中贏得道德的卓越和榮譽。[7]

一個表現沾沾自喜的滿足在打著瞌睡的歐洲人，聽到他這樣說就斥責他；這有什麼好驚奇的嗎？

我們在《超越善惡》之中讀到這樣一段話：要耳朵去聽任何新奇的事，都是困難又痛苦的。我們聽到陌生的音樂會不舒服。當我們聽到另一種語言時，會不自主地試著把這種語言的聲音變成我們比較熟悉的聲音——例如，我們會去做改變的工作，把法文的écrevisse（螯蝦）和chaussée（人行道）變成crayfish（螯蝦）和causeway（人行道），把德文的weissager（假聰明者）變成wiseacre（假聰明者），因爲我們的感官……「厭惡新東西」。[8]

因此，尼采自己的公開表現不僅令當代人不安，也讓他們的耳朵很痛苦。有些人無論如何試著要瞭解他，但瞭解的方式是：把他的哲學等同於他們認爲已經知道的什麼東西。在這些人之中有人把他的哲學稱之爲「利己主義」[9]和「唯物論」。[10]

我希望能夠告訴你們，他的哲學既不是「利己主義」，也不是「唯物論」。田尼斯博士（Dr. Tienes）在一本有趣的小冊子[11]之中稱呼尼采爲「進化」的道德哲學家，而這個稱號確實很相配。但史賓塞的說法卻很對：「『進化』的學說在其純科學的框架下，並不涉及『唯物論』，雖然其反對者堅稱如此。」

當查拉圖斯特拉第三次向人類提出忠告時，他是在人類之中尋求他們的改變……「他希望知道人類同時出現什麼變化，他們是變得較高還是較小。」他在這方面所說的很多事情，會讓英國讀者想起吉卜林（Kipling）那首名爲〈異教徒

7、G．E．，一二四頁，一二五頁。
8、G．E．，一一三頁。
9、多爾遜（Dolson）博士著《F．尼采的哲學》，一〇〇頁。
10、關於這一點，請參閱史賓塞的《文集》，第一卷，三八六頁。
11、《尼采對於道德基本問題以基因剪輯方式的呈現》。

讚頌〉的歌中的深奧詩行：

「我將艱辛地旅行到南方，確定
我是否只是幻想著
英國的陽光變弱了
英國的微風變無力了，
並且有什麼東西隨著這一切而變小著。」[12]

在查拉圖斯特拉的經歷史的第三本書中，我們讀到他如下的評論：

「一切都變得較小了！」

「到處我都看到較低的門。跟我同類的人仍然能夠穿過這樣的門，但——他們必須彎腰！」

「我穿過這些人，張開著眼睛，我不羨慕他們的美德，他們因此不原諒我。」

「他們咬住我，因爲我對他們說：『小的人需要小的美德。』也因爲我很難瞭解爲何需要小的人！」

「我講話時，他們咳嗽，他們認爲咳嗽只是嫌惡強風。」

「他們無法預知我的快樂是很強烈的！」

「我們還沒有時間給查拉圖斯特拉！——他們這樣說，表示異議。但『沒有時間』給查拉圖斯特拉的那種時間又有什麼重要？」

「他們會樂於誘惑我、奉承我，要我接受小的美德。他們會樂於說服我的腳去配合他們的小的快樂節奏。」

「我穿過這些人，張開著眼睛。他們已變得更小，正變得越來越小。其理由在於他們的那種快樂與美德教條。」

「他們的美德甚至也是少少的，因爲他們欲求安逸。但只有少少的美德才能與安逸相容。」

12、魯德雅・吉卜林（Rudyard Kipling）的《五個國家》，一六二頁。

「這兒的男人微不足道，因此女人努力讓自己變得有男子氣概。只有具足夠男人成分的人，才會挽救女人中的女人成分。」

「他們內心深處顯然最想要一件事：不要受到任何人的傷害。因此，他們去設想每個人的希望，並對他們好。」

「但這就是懦弱，雖然它被稱爲美德。」

「對他們而言，美德就是造就『謙遜』和『馴服』的東西。因此，他們讓狼變成狗和人，而狗是人最佳家畜。」13

如此，尼采帶著非常焦慮的心情看著現代歐洲人的情況。他看出，人類仍然有無窮盡的最大可能性。他很想知道如何把人類導進思想和價值評估的管道，使他們處在更自傲、更尊嚴和更高貴的狀態中。基於這個目的，他宣稱，新哲學家、新指揮者——新的評估價值的人是必要的。比到現在爲止更嚴厲的領導者必須出現，他們的內心必須像銅，他們的良知必須像鋼，才能夠承擔起重大責任，去支配那些諸如已很滿足的現代歐洲人那樣靈巧、狡猾、鬼祟、喜愛舒適、膽怯的群衆。但是這樣的哲學家確實正要出現，他們一定要出現，他告訴我們說，他們的影像在他眼前盤旋！

尼采唯一擔心的事是，這些將要出現的領導者可能失敗或墮落，他所焦慮、感到悲傷的唯一事情是，他們可能迷路，或故意放棄他們的路，受到眼前龐大工作的挫折或打擊。[14]

「我是單單一個人，啊呀，只是單單一個人」尼采失望地叫出來，「而這座大森林，這座處女森林」象徵錯誤、偏見，象徵小氣、近視、即刻追求利益的原則！

哦，願我有狗、助手、偵察員來幫助我進行我的大狩獵，但這樣的狩獵需要勇氣和睿智，而學者和所有能夠幫助我的人，在現今都不習慣於危險。在大危險開始的地方，「他們就是在這樣的地方不喪失敏銳的眼睛和鼻子」。[15]

13、Z.，〈不值得的美德〉。
14、G.E.，一二九頁，一三〇頁。
15、同前，六十四頁。

「要把很多人從人群中引誘出來——這是我爲何出現的原因。衆人會對我生氣：查拉圖斯特拉希望被牧人稱之爲強盜。」

「我稱他們爲牧人，但他們自稱是善良又公正的人。我稱他們爲牧人，但他們自稱是害怕正確信仰的人。」

「看啊，善良又公正的人！他們最憎惡誰？他們最憎惡粉碎他們價值的人——破壞者、破壞法律的人——但這種人卻是創造者。」[16]

有好幾百年的時間，基督教可以說是所有歐洲人以及所有像他們一樣的人的哲學上的生得權。我們已經看到，甚至頭腦最清楚的人，由於出生於基督教之中，就認爲基督教很好，就像現代的城鎮孩子認爲街上的鋪道是一種存在、一直存在、將永遠存在的東西。

我們知道，最勇敢和最深奧的思想家花了什麼代價去反對基督教。我們也讀到，他們曾努力要擁護而不是顛覆這古老信仰——早期和相傳的思想結合是多麼頑固。

我們已經說到，有很多世紀的時間，上帝被描述爲世界之外的一種獨裁力量，祂每秒鐘都表現出原始部落首領的那種反覆無常來決定命運。然後我們看到這種觀念轉變成泛神論，即把上帝放置在世界之中，使得這個世界成爲上帝的存在的表徵。

事實上，人與這種新的泛神論上帝之間的關係，並不像以前的關係那樣熟悉，那樣親密，但人們仍然能夠尊敬祂，而這也是這種新的教義對人們的所有要求。

但是，這種觀點雖然很開闊，卻不完全讓自然科學家感到滿意。自然科學家的目標是：把所有的現象都歸因於自然律。想到有一個會干涉的神構成了自然世界的基礎，他們就感到不安，這使得他們的概括論述變得有問題。然而，除此之外，他們並沒有對「上帝」這個觀念表示不友善。因此，他們和他們的跟從者就藉以下這種可信的策略來避開困難：上帝仍然會被維護，仍然會被信仰，但祂必

16、Z.,〈序言〉，第九節。

須不能傷害到他們的教本；祂必須再度被放置在世界之外。人們會承認，上帝已創造了這世界，而這世界的律則是神聖律則，但卻基於以下完全的默契：一旦上帝建立了他們的基本律則，就不再在過程中扮演任何積極的角色。這就是自然神論。

這種想法完全符合時代的所有需求。這種想法讓科學家可以進行研究，不怕會招來恥辱，讓願意以友善態度接受科學的受教育階級，能夠以清白的良知閱讀學術作品。

約略地說，當康德處理「一般形上學」的問題，而在處理時將它抹煞，情況就是如此。康德指出，被賦予很多不同詮釋的上帝的存在，甚至是不可以論證的。康德不僅指出，基督教徒的上帝不能被加以證明，並且也指出，對於所有上帝、所有形上學的證明都是完整的、不可能的——冒失的。

然而，在道德方面，康德賦予人類理性一種權威，而在形上學方面卻加以否認。就道德而言，他相信自由、無情的責任律則、快樂與美德之間的必要和諧。如此，他特別致立於重建上述所暗示的原則，即上帝的存在和靈魂的不朽。形上學並非可能的科學，然而還是讓我們遵守我們在這方面所被提供的訊息。啓示宗教已經存在於我們之中，我們也許需要這樣一種宗教；無論如何，它是一種安慰：讓我們忍受它！

如此，康德在理論上對於形上學的不妥協態度，接著下來就是他在實際上的一種妥協，而這種妥協大大弱化了他的見解。我幾乎不必告訴你們，有思想的人多麼渴望利用康德的高度權威，以便再度全心全意專注於尼采所謂的「正確的信仰」。

基督教的火焰再度在受教育的階級中煽起。它忽然獲得明顯的哲學認可，因此它也很自然地同樣忽然經歷了一段非常興盛和受到支持的時間。康德已經指出，在形上學的領域中，沒有什麼是確定的。因此，爲何不支持那種已經經歷歲月考驗的信仰呢？不太可能的事情雖然落後於時代，爲何不接受它呢？

然而，這種「眞正的信仰」的復興卻證明具有很短暫的性質。歐洲人漸漸明白，對形上學的打擊畢竟是很難避開的，於是，一段懷疑期不久就取代了熱烈回歸基督教的狀態。在殘存著對上帝信仰的地方，這種信仰已大大減弱，數以萬計的人不再有這種信仰了。

根據已故的「尼采檔案」的管理者恩斯特．洪尼費（Ernst Horneffer）博士的說法，有思想的歐洲人內心普遍存有不滿足和失望的心情，替現今爲人所知的「悲觀主義」鋪了路。[17]

蘇利（Sully）在他論此一主題的有趣作品中似乎忽略了一件事，由於複雜的悲觀主義於十九世紀初和不久之後盛行於歐洲，所以不信神的想法影響到受教育歐洲人的內心。

然而，沒有上帝的世界，對於那些足夠深沉而體認到這種變化的人而言，無疑是怪異又無情的。

也許，人們會說，悲觀主義跟古代哲學家一樣古老。這是完全正確的，在佛陀所創立的宗教中，我們看到了最明顯的例子之一：早期的失望生命觀被陳述出來，形成了「寂靜主義」（Quietism）的體系，以「涅槃」學說爲象徵。但十九世紀歐洲人之中的偉大悲觀主義運動，其本源可歸因於一種衝動，這種衝動比在古代的憂鬱的影響力之中所可能追尋到的衝動還強烈。因此，當恩斯特．洪尼費博士指出那種源自休姆、康德和他們的跟從者的學說的冷淡又令人不舒服的不信神感覺時，我認爲我們可以很安然相信他，尤其是我們記得，佛教本身也否認一位「創造者」和任何絕對「生命」的存在。[18]

現在我們已經觀察到，沒有上帝的世界似乎奇異又無情，而人們並不習慣這種情況。他們已經適應另一種環境，在那種環境中，禱告、對來生的希望，以及對死後的懲罰的恐懼，幾乎以固定不變的觀念支配著。在突然喪失這種觀念之後，他們也同樣突然變得無法適應。所有的人都會相信，任何形式的悲觀主義都只不過是在表達「無法適應」，只是不自知而已。

好幾世紀以來，責任都被加在一種「神格」的身上。此時它似乎沉重地加在人身上。人們已經放棄了對於他們會不理性地堅稱爲「第一因」的所有過去的詮釋，開始自問：「這個世界是什麼？其目標何在？我們全都在追求什麼？如果沒有上帝，沒有天堂可去，沒有地獄可以讓我們貶黜敵人，那麼，說眞的，存在的意義何在呢？請告訴我，這是在開什麼玩笑？」

這不是玩笑，悲觀主義回答。這是一個非常可怕的現實，無論如何，我們在

17、請參閱《有關尼采的談話》，四十二頁，四十三頁。
18、詹姆士．蘇利著《悲觀主義》，三十八頁。

世上要忍受它。這是一種最可怕的折磨，是無益的，沒有目標的，沒有意義的，沒有說明的。這是所有可能的世界中最惡劣的世界，我們是其中受苦的犧牲者，沒有希望，沒有理想，甚至沒有受苦的理由！不信神是無法以言語表達的——是可怕的！

英國的拜倫、德國的叔本華、義大利的黎歐巴迪（Leopardi）、法國的阿克曼夫人（Madame Ackermann），他們之中每個人都表達了那些在一個不信神的世界中不知如何是好的人的想法。還有一些人的作品雖然並不明確地具悲觀主義成分，但有些段落卻透露出些微的悲觀主義意味，包括拉馬丁（Lamartine）、海涅和卡萊爾。

然而，還是有很多人不具有這種陰鬱的觀點。雖然他們與教會斷絕關係，但是當時和現在都有很多人對悲觀主義表現出完全和自在的冷漠感。有數以千計的人傲慢地嘲笑悲觀主義，口齒不清地說道：「此後的一百年情況將會完全一樣的！」

但是會思想的世界、有深度的世界、尋覓一個存在的目標且有可以努力追求的理想的世界——這種世界卻處於失望之中。

叔本華對這個世界發言，教給它一種學說，用以挑戰它的不幸，讓它堅強起來，去面對生命的可怕。他也在一個不信神的世界中看到無意義的可憎現象；他也看不出痛苦變得普遍的理由，看不出受壓迫的人過著悲慘生活的理由。由於他對生命和宇宙懷有讓他受不了的嫌惡之情，所以他就以尖酸的言詞抨擊生命和宇宙，其他悲觀主義者因此爲之失色。

尼采描述他偶然讀到叔本華的作品，說有一天剛好在萊比錫的羅恩古董店看到一本《意志與表象的世界》，一種衝動催促他買下來，儘管他通常不會匆匆忙忙決定買任何書。他繼續描述，買完書立刻回家，坐進一張沙發，開始讓叔本華那充滿活力又陰鬱的天才在他身上運作。他叫出來：「每一行文字都在這兒叫出來，克制、否定、忍受。在這兒，我看到一面鏡子，在其中發現了世界、生命、以及我自己的心智，以令人戰慄的壯偉風格描述出來，」然後他又說：「想要認識我自己的那種需求，是的，甚至想要折磨我自己的那種需求，強有力地攫住了我。」[19]

19、《腓特烈．尼采的一生》，E．佛雷斯特—尼采著，第一卷，二三一頁，二三二頁。

然而，尼采的妹妹非常生動地描述了她的哥哥對叔本華的深情。

「叔本華，」她說，「對他而言不是一本書，而是一位朋友。我的哥哥第一次知道這位哲學家的作品時，這位哲學家已經去世，否則他會長途跋涉去找他，把他當朋友和父親加以致意，因爲他在整個童年和青年時代，都很憧憬這位像父親一樣的朋友，非常想念他，因爲我們的父親太早去世了。」[20]

但是，我們將看出，尼采對於他的偉大老師的態度很快就出現激進和永恆的變化。然而，由於他並不完全拒斥叔本華的哲學，而是採納其中他認爲有條理的部分，如此建構他自己的學說，所以我們現在必須小心檢視叔本華的觀點。

一七八一年當康德已經五十好幾時，他的那部聞名世界的《純理性批判》出版了。在這部他告訴我們說是受到大衛．休姆的懷疑主義所刺激而寫出的書中，他檢視了人類知識的本源、範圍和限制，揭露了他的「所有知識的相對性」的學說。他努力要「區分兩種東西，一是現象——其內容是經由感官的印象傳達給我們，但其形式是心智本身的純主觀產物，二是存在於時間、空間或因果等關係之外的眞實東西或『物自身』」。[21]

他在他的《純理性批判》中說，我們所謂的外在物體，其實只是源於我們的感覺的精神象徵。對我們而言，它們只是外表，我們永遠無法確定其內在性質。我們並不知道也無法知道我們所知道的東西——物自身——的外表。然而，康德反對巴克萊的學說，宣稱我們必須認爲超自然的物體或物自身是存在的。」[22]雖然我們並不知道如何存在。

康德在《超自然美學概觀》中總結他針對這些觀點的論證所得到的結果，寫了以下這段文字：「我們所知覺到的事物，並不是我們所認爲的事物，它們的關係也不具有我們所看到的固有性質。如果我們抽取做爲知曉主體的我們自己，或

20、同前，二八〇頁。
21、《烏伯維格的哲學史》，G．S．莫利斯譯，第二卷，一六〇頁。
22、同前，一七六頁。

甚至只是以一般的方式抽取我們的感覺的主觀結構，則所有的特性、物體在空間和時間中的所有關係，是的，甚至空間和時間本身，都會消失。做為現象，它們在本質上只能存在於我們之中。物自身的性質，以及與我們的感覺完全分離的東西，則完全不爲我們所知。」23

亞瑟．叔本華非常讚賞康德，採納了他的很多第一原則。二十六歲的年輕叔本華深諳古代的印度知識，吸收了康德的知識相對論的學說，在他的重要作品《意志與表象的世界》中加以發揚，努力要指出：雖然這世界只是我們的意念——我們的觀念，但如果我們注意它的另一面，我們確實就能夠獲致有關物自身的知識；我們能夠瞭解到外在物體的內在性質。

在我們對外在世界的知覺方面，他採行康德的觀點，即我們完全無法從對外在世界的精神象徵中獲得任何眞正的知識。當我們在內心想像外在物體時，它們的內在性質會完全逃脫我們的知覺力量的掌握。叔本華說，每個人必須清楚，「他所知道的並不是太陽和地球，而是只是那看到太陽的眼睛，以及那感覺到地球的手。位於他四周的世界只是一種想法，也就是只關係到一件別的東西，即意識——他自己。」24

「因此，有一個眞理是最確定的，它最獨立於所有其他的眞理，最不需要證明，那就是：所有爲知識而存在的一切，即這整個世界，只不過是與主體有關的客體，是一位知覺者的知覺，簡單說，就是觀念。」[25]

但他繼續說，「只要有人在內心中很勉強相信這個世界只是他的觀念，就會告訴自己說，這種觀點無論可能多麼眞實，無論如何還是偏頗的。」[26]

「一般而言，每個人在意識中都反對把客體說成只是觀念。[27]客體的世界——世界之爲觀念——並不是這世界的唯一一面，只是它的外在面。它有一個完全不同的面——它的最內在性質的一面——它的核心——物自身。」[28]

23、《烏伯維格的哲學史》，G．S．莫利斯譯，第二卷，一六六頁。
24、《意志與表象的世界》，R．B．哈爾登與丁．肯普譯，第一卷，三頁。
25、同前。
26、同前，四頁。
27、同前，二十三頁。
28、同前，三十九頁。

我們如何能夠發現這個核心、這個物自身呢？這就是叔本華在他的作品《意志與表象的世界》中自己要解決的問題。我們已經看出，我們無法從外在去瞭解東西的眞正性質。但叔本華說，我們是大自然中的物體，我們是東西中的東西，[29]我們對自己有一種特別的第二觀點，但對別的東西則不可能有。每個人的身體除了是知覺的對象之外，其內在性質也爲他所知，他會立刻知道它的核心，[30]以及這個核心是什麼。叔本華問道，每個人能夠立刻在自己之中知覺到什麼？難道不是我們稱之爲心智或精神的那個東西？——那個有人稱之爲靈魂的「感覺」、「意志」和「智力」的具體化？

在認知我們稱之爲「感覺」、「意志」和「智力」的心智的這幾個特質時，難道我們不是呈現了我們的整個內在性質、我們的核心？——我們之於客體的另一面？

然而，「感覺」、「意志」和「智力」並非我們的內在本性的最簡單表達。我們身爲人有一種特質，而根據叔本華的說法，這種特質一定是終極的特質。現在讓我們在他的指引之下檢視「感覺」、「意志」和「智力」。

首先，他把它們分成不同的兩組，「感覺」和「意志」是一組，「智力」及其衍生物「瞭解」、「推理」和「思想」是另一組。

在對我們的心智現象進行分類時，我們習慣給予「智力」第一位，但叔本華卻否定它的原始重要性。他一再告訴我們說，「智力就像爪和牙一樣，只不過是輔助意志的武器，」[31]它是「意志的燈籠」，或「意志的輔助器官」。

叔本華在大自然的每種盲目力量之中，都看到一種要素，無法藉由智力來說明。在動物的早期行動中，以及在不是由知識指引的我們身體的所有功能中，都有一種力量在運作，它和「瞭解」或「推理」沒有共同之處。

如果我們仔細觀察自己，一定會發現，「感覺」和「意志」這一組所扮演的角色，以及「智力」所扮演的角色，兩者之間的區別比我們最初所認爲的還明顯。

29、同前，一二九頁。
30、《意志與表象的世界》，R．B．哈爾登與丁．肯普譯，第一卷，一二九頁，一三〇頁。
31、同前，第三卷，一六六頁。

首先，當我們檢視「感覺」和「意志」時，我們會對兩者互為需要的方式留下深刻印象，看不出有將它們分開的可能性。我們所具有的每種感覺都涉及意志的一種行動。如果感覺是令人愉快的，我們心中就會有喚醒我們的力量，如果感覺是不令人愉快的，我們就不會讓它在任何情況下發生作用。意志和感覺——我們怎麼可能想到它們是分開的呢？[32] 從我們生命的最早期，它們做為一種現象，必然引導我們去表現保存生命的行為，一點也不需要「智力」的幫助，因為「智力」只能根據所獲得的知識去行動。

因此，我們可以認為，我們的內在生命包含了這兩種相當明確的心理特質：其是「智力」及其衍生物：「瞭解」、「推理」和「思想」，其二是我們已知道是包含了「感覺」的「意志」。[33]

「意志」和「智力」對我們同等重要嗎？我們可以指出其中一則比另一者更原始、更對我不可或缺嗎？我們已經暗示過，叔本華的答案是肯定的，而他指的是「意志」。

智力是一種器具，只是幫助意志的一種方法。我們會有欲望、需求，我們會想要什麼東西，因此就使用我們的智力，以便讓這種需求、意欲平靜下來。我們的激情，我們的愛、恨以及生理欲望是屬於感覺和意志的問題，我們確實會運作智力，以便發現有助於它們的方法。但它們是原始的力量，智力只不過是它們的媒介力量。

有很長的時間，智力都被認爲在我們生活中扮演最重要的角色。然而，我們卻不再可能持有這種想法。因此，我們生活中的根本要素，即我們一直在尋求的物自我，就是意志，[34]因爲我們免不了要讓智力屈居次要地位。

然後，叔本華將意志賦予我們四周的一切事物。「它是每種特殊東西的內在性質、核心，也是整體的最內在性質、核心。」[35]

意志是所有的存在的隱藏本源，它到底是什麼呢？叔本華稱它爲盲目的「生之意志」。

32、《意志與表象的世界》R．B．哈爾登與丁．肯普譯，第一卷，一三〇頁，一三一頁。
33、爲了支持這種觀點，請參閱史賓塞的《心理學原理》，第一卷，五〇〇—五〇三頁。
34、《意志與表象的世界》，R．B．哈爾登與丁．肯普譯，第一卷，一三六頁。
35、同前，一四三頁。

他在那些受到這種盲目的意志所驅使的動物中，到處看到戰爭、壓迫、窒息、殘廢、折磨、痛苦。雜草窒息高貴的植物，高貴的植物吸乾雜草的營養。強有力的橡樹爲巨大的野藤所束縛、纏繞，在它們的致命擁抱下終於枯萎，好像被噎死。[36]我們在別的地方看到大樹在春天的陽光中萌芽、長得繁茂，它們阻止活躍的亮光照到掙扎的矮樹上，因爲矮樹努力要在大樹腳旁勉強生存。「我們在大自然的每個地方都看到傾軋、衝突以及勝利的交替。[37]這種普遍性的衝突在動物界最爲明顯……因爲每種動物只能藉由不斷毀滅其他動物而維持生存。如此，生之意志到處都折磨自己，以不同形式成爲自身的營養，一直到最後，人類征服所有其他人類，認爲大自然是供其使用的製造廠。」[38]

「但一位樂觀主義者要我張開眼睛，看看這世界，這世界在陽光中多麼美，有大山、山谷、溪流、植物、動物、……等等……那麼，這個世界是一面奇觀鏡嗎？這些東西確實看起來很美，但要成爲這些東西卻是十分不同的事。」[39]

「在這個世界中，」叔本華說，「在生命受到折磨的這種情景中，生命只能藉著彼此吞噬而繼續生存。因此，在這個世界中，每隻掠奪性的動物都是數以千計其他動物的活墳墓，而它的生命之自我維持是一連串的痛苦死亡。在這個世界中，感覺痛苦的能力隨著知識而增加，因此，這種能力在人的身上達到最高程度，人越有智力，程度就越高。人們努力把樂觀主義體系應用在這個世界上，向我們證明，它是最佳的世界！其荒謬性是很顯然的！」[40]

叔本華很恐懼地轉離了他如此描述的世界。他無法忍受去沉思這個屠宰場似的世界，因爲盲目的「生之意志」在其中像一種邪惡和嗜血的幽靈一樣支配著。存在的痛苦讓他窒息。他在大自然的聲音中只聽到一種憤怒的呻吟，在它的微笑中只看到欺騙、玩笑、虛榮。他宣稱，就人而言，盲目的意志已經達到自我意識的程度。因此，人要知道，盲目的意志可能反噬自己——在他身上產生抵銷作用。叔本華告訴人類說，藉由克己、禁欲和對「意志」的否定，這種有關痛苦、

36、《意志與表象的世界》，R．B．哈爾登與丁．肯普譯，第一卷，一九三頁。
37、同前，一九一頁。
38、同前，一九二頁。
39、同前，第三卷，三九二頁。
40、《意志與表象的世界》，R．B．哈爾登與丁．肯普譯，第三卷，三九二頁。

不公的可怕記錄——我們稱之爲「生命」——可以加以阻擋。因此，人的最高目標必須是：無論如何要消除「生命」之中的「生之意志」！把痛苦的顫慄改變成強硬的冷漠靜寂，把痛苦轉變成空無——虛空——涅槃！

就像叔本華恐懼地轉離他所描述的這個世界，尼采終於恐懼地轉離叔本華。尼采逐漸學會正視無望、懦弱、對悲愁的屈服，以及在不信神的壓力下所表現的失望，而這些正是德國最偉大的悲觀主義者叔本華那透露頑強憎意——不，厭惡——的哲學的基礎。尼采慢慢瞭解到，叔本華的虛無主義只不過是對於事實的短視誤述，是大規模的迷人騙局，只是爲虛弱、沮喪，尤其是不健康的人做準備。

雖然我們會承認，上帝和「基督教理想」到此時爲止也許是人類最偉大的思想，但我們還是禁不住要把從人心之去中除上帝和「基督教思想」之後所必然跟著而來的大部分悲觀主義，歸因於過去那些破除崇拜偶像的人，他們完全沒有提供適當的東西來取代他們所破壞的偶像。尼采是一長串的教士的後代，他男孩時代所表現的同情，曾讓他的親人感到很高興。他跟任何人都一樣知道，基督教對那些眞誠的信奉者意味著什麼。不必有人告知他：試圖破壞這種強有力信仰的他，可能會發現自己間接造成了很多錯誤、困擾，是信仰本身所無法說明的。因此，他知道——也許幾乎沒有其他人知道——那些一手拿著破壞之劍突襲基督教的人，想必也準備以另一隻手十分巧妙地揮動建設的魔杖。我們必須提供一種驚人的東西做爲替代物，這種東西能夠同樣迷住男人和女人的心，我們必須有一種很寶貴的東西。

尼采知道他所要提供的替代物是非常美又非常有力量的，他知道他身上裝滿了給人類的禮物，因此他興高采烈，洋洋得意，因此他也會用笑聲感染我們。

「上帝被證明是錯的，」他說，「但爲何要因此失望呢？」

「上帝是一種假設，但我要讓你們的假設僅止於你們的創造性意志。」

「上帝是一種假設，但我要讓你們的假設受制於『可想像』這個條件。」

「上帝是一種假設，但有誰會吞下這種假設的所有痛苦而不會死呢？」

「創造——這是脫離痛苦的偉大力量，是生命的慰藉物。」

「但是就算有上帝，有什麼東西可能會被創造出來呢！」41

「當我叫道：『詛咒你內心所有的懦弱魔鬼吧，這些魔鬼樂於發出悲叫聲，抱著雙手，露出敬慕的神色！』他們就叫出來，『查拉圖斯特拉是不敬神的！』」

「會這樣叫的，主要是他們那些教人們屈服的老師。但我會很高興在他們耳中叫著說：『是的！我是不敬神的查拉圖斯特拉！』」

「我是不敬神的查拉圖斯特拉。我在何處可以發現像我一樣的人呢？凡是把自己的意志加諸自己並拒絕屈服的人，都是像我一樣的人。」

「你們這些小小的人，你們會變得越小了！你們這些貪圖舒服的人，你們會崩潰！有一天你們會消失——。」

「從你們的很多美德之中，從你們的很多小疏忽之中，從你們持續的卑微屈服之中消失！」42

41、Z.，〈幸福的島〉。
42、Z.，〈不值得的美德〉。

「我很高興地叫出來：『是的，我是不敬神的查拉圖斯特拉！』」

就這樣，我們看出，尼采絕不是爲了「上帝已被證明是錯誤」這個消息而悲哀，他其實是爲這消息而歡呼。也許有人會以生物學的觀點說，他是首先適應不信神觀念，也因此在這種觀念的影響之下感覺到充滿希望、強有力，不只如此——還感到很有創造力——的現代歐洲思想家之一。無論如何，他使得我們確信他之所以很歡欣的理由。他最後說，我的眼睛能夠轉向大地，在那兒尋覓希望！我所擬定的希望，我所做的事，會是有關這個大地的，它們將不會是屬於以前的世界或來世，因爲所有的人類幾世紀以來都在瞇眼看向這個世界，結果卻忽略了這兒的生活。「上帝死了，」人現在要爲自己負責，他必須尋找人性之中的一個目標。他單獨站在那兒，作戰的精神在他心中燃起，象徵遊樂和自恃的女神要他注意她，讓她成爲他最忠實的侍女。他此時可以隨意在這個世界發現一種理想，不是在以前的世界、未來的世界，而是在這兒的大地上，並且他現在可以努力實現這個理想，藉此改進他的種族。令人厭惡的比喻終於要停止。不管這個世界可能有什麼缺點，它不再會被一些人所中傷，這些人缺少遊樂的本能，達到令人無法置信的地步，所以他們才得以貶抑和譭謗現存和可以知覺到的東西，而去喜歡想像中和無法知覺到的東西。

因此，尼采爲了他的那一代以及未來，很勇敢地譴責對他而言意味著一切的朋友和教師。就算是不信神的世界中的悲觀主義觀點，也是不合他胃口的，於是他開始一次反叔本華的學說的運動。這個運動的尖酸和執拗的程度，在記錄哲學憎意的文獻中也許是獨一無二的，

但他不曾忘記他所反對的這個人——叔本華對他的助力。我們在他的全集的第十卷中發現了以下紀念叔本華的讚詞：

「雖然我不認爲自己曾正確地瞭解叔本華，但我經由他而稍微更加瞭解我自己。只因這個理由，我深深地感激他。」

我們必須記住，尼采並不是只對抗叔本華和他的弟子們，他是在對抗一個冷漠和遲鈍的歐洲，他宣稱，這個歐洲正懶散地躺在一個愚人的天堂中腐化著。那時的人就像現在一樣正在採用以及實踐所謂的美德，不是因爲它們是他所謂的較高度的社會發展的媒介，也不是因爲它們會導致一種理想的人類階級，而是因爲

它們透露卑劣的舒適成分，尤其是安全的成分，無論如何不會與大多數的人的觀點相牴觸。

就在這種缺少任何高貴特性的權宜性道德中，叔本華對於佛教的寂靜主義的詮釋已經逐漸開始變得豐富起來，「透露出幾乎是熱帶的豐茂。尼采時代的德國年輕人數以千計集合在叔本華的旗幟下，而整個西歐似乎成爲一種偏執狂的犧牲品，不惜任何代價追求安逸，沾沾自喜的安逸，忽略了所有較高貴和有價值的目標。」

「當時很多歐洲人，無論是否知道悲劇主義，其人生觀都由叔本華在一篇論及生命的虛榮與痛苦的文章中美妙地加以總結。他在這篇文章中告訴我們：「不管一個人會怎麼說，快樂的人最快樂時刻是他睡著時，而不快樂的人最不快樂時刻是他醒著時。」[43]

這種認命的學說讓尼采感到嫌惡。我們已經知道，尼采認爲上帝不存在，但

43、《意志與表象的世界》，哈爾登與J．肯普的翻譯。

儘管如此，他還是在生命中體認到一種目標，一種有價值的目標。他看到人類所可能達成的高貴目的，不用爲以前的世界的可疑需求費心，不用追求很不確定的回報。因此，他又轉向對他最有幫助的這位老師，因爲這位老師有比「寂靜主義」更美好、偉大、高貴的東西教給他。他必須對我們指出：生命是有意義又有價值的。

尼采採用叔本華的形上學，據以建立自己的學說。

他也認爲盲目的「意志」是宇宙的動機力量，但是，他不認爲這種意志是生命的意志，而是我們已經聽過的「權力意志」。

「無論我在何處發現有生命的東西，」他說，「我都發現權力的意志，甚至在僕人身上，我也發現他們想成爲主人的渴望。」

「只有在有生命的地方才有意志，雖然不是生之意志，而是——我來教你們吧——權力意志。」

「有生命的東西對很多東西的評價都高於生命本身，但甚至在評價時也要談及權力意志！」[44]

「心理學家要想一想，不要先把自保的本能視爲有生命東西的首要本能。有生命的東西最重要的是努力釋放力量——生命本身就是『權力意志』，自保只是間接以及最常見的結果之一。」[45]

尼采在「權力意志」這個基礎上建構了一種哲學，不同於叔本華的哲學，因爲它肯定生命並祝福生命。這種哲學提供我們一種理想，與人類的偉大記錄若合符節，並提供我們一種東西，値得讓我們接受，交換我們所失去的東西。

尼采並不是不知道這個世界的痛苦；相反的，他比前輩看得更深，但他卻對這世界的痛苦感到很滿意，也表示感激，因爲他在痛苦中看到大自然最偉大的教育和高貴化力量。他不斷遭受殘酷的疾病之苦，曾在法德戰爭中服務於野戰醫

44、〈自我的征服〉。
45、G．E．，二十頁。

院，小學時代曾兩度努力要緩和玩伴對羅馬共和國的英雄穆修斯．史客佛拉的讚賞之情。當著他們面前嚴厲地灼燒自己的手指，[46]所以他不會以詩意的方式深思「痛苦」。我們可以注意聽他對於痛苦所說的話，我們知道他的話並不是無益的理論。我們不斷在尼采的後期作品中發現他強調痛苦的價值與必要性。我所指出的那些段落[47]一旦被誤解，想必很可能導致「他的哲學很殘酷」的名聲，雖然德國、英國和法國中有很多人盡力要活化他的哲學。

「痛苦、大痛苦的戒律，」尼采說，「難道你們不知道，只有這種戒律造就了人類到現在爲止的所有提升現象？『不幸』會使靈魂會產生張力，把力量傳送進去，在遭遇折磨和毀滅時，靈魂會顫動，在經歷、忍受、詮釋和利用不幸時，靈魂會顯示創造力，還有，加諸靈魂的無論什麼奧妙、神秘、掩飾、氣質、巧計或卓越表現，這一切難道不是經由強烈痛苦的戒律而提供出來的嗎？[48]深沉的痛苦會創造高貴的特性，它有區分作用。」[49]

他在別的地方譴責一些人，因爲這些人樂於獲致「牛畜對於普遍綠色草地所感受到的快樂，加上每個人的生命安全、舒適和安慰」，認爲痛苦「是必須加以解除的。我們是持相反想法的人」，他補充說，「我們已打開眼睛和良知，面對一個問題：人這種『植物』如何以及在何處成長得最茂盛。我們認爲，情況經常是相反的，我們認爲，爲了達到這個目的，必須大大增加人的情況的危險性，他的創造能力和掩飾力量（他的『精力』）必須在長久的壓制和強迫下發展成敏銳和勇敢的特質。」[50]

對痛苦的恐懼和憎意具有癱瘓作用，會抑制冒險精神。就像對輸錢的恐懼可能使虛榮的人不去玩遊戲，同樣的，對於痛苦的恐懼也會使很多人不想在生命的遊戲中扮演大膽的角色。但尼采讚美痛苦，背後還有其他理由。

你們之中有多少人不曾努力——也許非常努力——要去瞭解享樂主義者

46、《腓特烈．尼采的一生》，E．佛雷斯特—尼采著，第一卷，一〇五頁，一〇六頁。
47、特別是《道道系譜學》的七十四、七十五、七十六頁。
48、G．E．，一七一頁。
49、同前，二四八頁。
50、G．E．，五十九頁，也請比較赫拉克利塔斯，他說，「荷馬以下這句話是錯的，『但願紛爭可可能在諸神和人之中消失！』他沒有看出他是在祈求宇宙的毀滅，因爲如果他的祈求被聽到的話，萬物會消失。」

呢？享樂主義者就是試圖把我們的道德、我們的善與惡建立在「快感」和「痛苦」基礎上的人。你們之中如果有人曾經這樣做，也就是曾經讀過希格維克（Sidgwick）那部有點沉悶的作品《倫理學方法》：[51]陰陽怪氣就是他對赫伯特・史賓塞的享樂主義令人困惑的攻擊，[52]以及史賓塞同樣令人困惑的回應；那麼，你們之中這些人想必時常對於這個惱人問題的解決感到很失望。

很不尋常的是，一旦像享樂主義這樣的一種觀念，為一、兩個哲學家所完全占用，它就幾乎確定會被埋葬，完全不為業餘哲學家所看到；因為那些應該闡釋它的人卻使用排山倒海的語詞，以有系統的方式把它覆蓋了。

如果現今以率直見長的任何外行人問道，「什麼是享樂主義？」或「享樂主義在何處？」他們會被告知，「它屬於身為哲學家的某幾位先生，」或「身為邏輯家的某幾位先生，」但事實上只有那些掩蓋這個主題的排山倒海語詞才是屬於這些男人。

什麼是享樂主義呢？我們不如問：為何尼采對享樂主義如此不友善？[53]為何他以如此尊敬的語氣談到痛苦？我們把哲學論文放在一邊，去查一本普通的英語字典，發現字典以一行文字描述享樂主義，會感覺十分舒慰：「倫理學中主張『快樂是最大的善』的學說。」

如果我們瞭解這兒快樂的意義，看起來好像我們就瞭解了我們想知道的一切。在這兒，我們該如何定義快樂呢？大約來說，快樂意味著：當我們表現了我們最適合表現的行爲時我們所達到最好的狀態。事實上，最好的說法是：快樂是指完全的適應，是指有生命的東西與環境完全和諧一致時所臻至的狀態。快樂對個人而言是什麼意思呢？這可以進一步加以定義，但由於這種定義並不會符合需要，所以我們會樂於不去這樣做。

我們繼續敘述下去，並且不忘記赫伯特·史賓塞很謹慎地承認，雖然快樂也許無法成爲某種行爲的即刻目的，但卻可以成爲終極目的。那麼，我們就來看看

51、有關這部作品的一則很有趣的評論，請參閱亞佛雷·佛以利（Aefrod Fouillec）的《當代道德體系評論》，三十六—三十八頁。

52、請參閱W·H·羅爾夫在《生物學問題》（一八八四年版）中在指涉同樣問題時，對於史賓塞的有趣攻擊言論，五十頁，五十一頁。

53、G·E·，一一八頁，一一九頁，一七〇頁。

尼采怎麼說。

尼采宣稱，所有的享樂主義都有一種驚人的假定做為其基礎，那就是，雖然很想能夠完全可能又很完美地適應環境，但卻必須有一個先決條件，那就是，這種特定環境是很值得去適應的。他指出，一個環境可能不值得去適應，因此，完全去適應它會是錯誤的行爲，不是正確的。他對於享樂主義的態度是父母對懶惰學童的態度。「你不是懶惰得太早了嗎？」父母問懶惰的學童。「宣揚享樂主義不是太早了嗎？」[54]這是尼采對我們所問的問題，他這樣問實際上是陳述他對這種學說的反對。完全適應我們現今的環境，如果可能的話，我想無疑是會導致快樂。可是，必須首先決定的是，我們是否確實有一個環境，眞正對應於我們所能臻至的最高可能性？我們的環境是否是很值得去適應的嗎？

這樣，尼采對於痛苦的態度已在某種程度上獲得說明了。一般而言，痛苦意味著錯誤、不完整或完全不足的適應。因此，他懇求我們不要再避開痛苦，也不要在置身痛苦時失去耐性，因爲如果我們不顧他的警告而去這樣做，那麼，他所希望避開的災難可能就會發生——我們**可能**會變得適應。

他在所有作品中所採取的英勇態度此時就較容易瞭解了。如果我們希望從他的一生中讀出這個新意義，那麼他的一生也會顯得更透明。但我們尤其會瞭解他的「超人」學說。隨著這個字眼，我們就會涉及到他哲學的基本問題。

當然，我們知道這個學說是具純激勵性質的，但其目的何在呢？其目的是爲我們描繪我們所可能臻至以及他要我們努力追求的一種類型人物。其附帶的目的是藉由比較的方式指出：我們現今的男人和女人理想是卑低的，不配我們偉大的過去，確實十分不配所有還未在我們之中耗盡的力量。

臻至「超人」境界的可能性將是我們受苦的保證，將是我們拒絕適應現存環境的意義所在。迄今爲止，我們還沒有有關「痛苦」的定義。「超人」將是這個定義。尼采擁有這個勝過他的傑出老師叔本華的大優勢，那就是，當他觸及宇宙的問題時，歐洲人已經擁有達爾文的偉大作品《物種源始》。

我們甚至可以說，尼采實際上是以批判的態度回歸到叔本華，以「進化」的

54、「鼓吹享樂主義不是總是太早嗎？」這確實是他暗示的問題。我們並沒有理由相信，他意在使他的「超人」成爲最終的發展：因此，甚至在「超人」之下的完全的適應——如果它是可能的話——也不會與尼采的哲學全然和諧一致。

理論做爲他的解剖刀。他看出了叔本華所不可能看清楚的問題：由鞭策萬物的盲目「權力意志」所促成的漫長又殘酷的進化過程，爲生命提供了一種意義和重要性，這是「生命不可能變」的想法所無法提供的。他在「這個世界是一種變動而不是一種存在」的這種想法中看到希望和潛力，並且他在把叔本華的「生之意志」重新評價爲「權力意志」時，也把「悲觀主義世界觀」重新評價爲以前不曾有人傳授過的最徹底樂觀主義哲學。

尼采像赫拉克萊塔斯一樣體認到萬物的永恆改變，因此，他說道：

「一切都會消失，一切都會回歸。存在之輪永遠在滾動。一切都會死亡，一切都會再生。存在的歲月永遠在流動。」[55]

就一個意義而言，尼采是達爾文主義者。他所有的後期作品都呈現我們這位最著名的自然學家達爾文所傳授的「進化論」明顯印記。但是，雖然達爾文在有關「人類的由來」方面所傳授的理論，及其道德和物質方面的重要性獲得尼采部分的同意，但兩位哲學家在方法方面，在進化的過程所運作的方向方面，卻有很大的差異。無論如何，尼采並不是唯一批評達爾文的進化律則的實證的人。雖然他只是把「對存在的奮鬥」轉變爲「對權力的奮鬥」，但這種改變卻具有廣大的重要性，涉及到「發展假設」的很多新層面，所以，就像我們已經看出的，無論這種改變是對或錯，我們都不能立刻視之爲只是在玩弄文字而已。

因此，就語詞最大可能的意義而言，尼采是有條件地接受「進化」一詞，視之爲對物種源始的一種解釋。但他並沒有在大部分自然學家所躊躇的地方猶疑不決。他絕不認爲人是進化所可能臻至的最高形式生命。如果過程是一個事實，如果情況已變成現在的情況，但不是一直如此，那麼他辯稱，我們就不可能對人類的抱負設限。如果人類可能從野蠻狀態中力爭上游，更遙遠地從較低級的靈長類力爭上游，尼采說，那麼，人類的理想、野心應該超越人類本身，達到「超人」境地。

尼采的目標是社會提升到一個較高的水準，他的哲學是最深沉的「樂觀主

55、Z.，〈康復期的病人〉，第二節。

義」。

「所有的神都死了，」他叫著說，「現在我們希望『超人』活著。」56

他請求我們把我們的想法從一個「過去的世界」，從一個「來世」轉回來。他指出了我們在地球上的一個任務，我們的理想在於人類本身，我們必須追求人類的卓越。

「我的兄弟們，我懇求你們要忠於地球，不要相信那些對你們談到超地球的希望的人！他們是下毒者，不管他們知道不知道。」

「他們是輕視生命的人，他們墮落了，他們本身就中毒了，地球厭倦了他們，離開他們吧！」

「有一度，褻瀆上帝是最大的褻瀆，但上帝死了，所以這種褻瀆也死了。現今最可怕的事是褻瀆地球，是把不可知的事情的重要性視爲高於地球的重要性。」57

尼采教我們一種新的意志，是一種改良我們的人種的意志。到目前爲止，大部分哲學家的理想都在於最大多數人的快樂；尼采譴責採取這種觀點的前輩哲學家的理想，很理性地指出，我們的目標應該是讓社會變得完美，而我們的道德和宗教——如果有的話——應該是達成這個目標。

「我教人類一種新的意志：要走向人類已經盲目走向的那條路，要稱它爲好的路，不用像生病和垂死的人那樣溜走。」[58]

「今日那些最小心的人問道：『人類要如何侍命？』但查拉圖斯特拉是唯一，也是第一個這樣問的人：『人類要如何被超越？』」[59]

「（你們的系譜階層之中）的所有生命，已經創造出超越他們自己的東西，難道你們要成爲這波大浪潮中的退潮嗎？」

「注意看啊，我教你們『超人』！」[60]

「超人」一詞以及做爲其基礎的觀念，在出現於尼采的學說中時並不十分新

56、Z：，〈施予的美德〉第三節。
57、Z：，〈序言〉，第三節。
58、Z：，〈以前世界的人〉。
59、Z：，〈較高尚的人〉，第三節。
60、Z：，〈序言〉，第三節。

奇。諾華利斯（Novalis）、海涅．荷德林（Hölderlin）、歌德和其他人已經使用了這個詞，而威廉．喬丹（Wilhelm Jordan）的名爲〈尼布龍〉的歌，以及阿克曼夫人（Madame Ackermann）寫於一八七六年的一首傑出短詩〈人類本性〉，是最爲明白的例子，從其中可以看出，「用一種優越的生命取代人類」的觀念是很受到重視的理想。

除了這些之外，我們也很有理由認爲，甚至查爾斯．金斯萊（Charles Kingsley）也相信，「我們所知道的人絕不是進化的最高等動物」[61]，但是無論他是否在作品的任何地方表達這個想法，恐怕我都沒有資格說。

然而，就如同亞歷山大．提勒博士所說的，尼采的無可爭議的功勞在於：他把這種新的道德理想推向完全成功的境地。

尼采很尖銳地問我們：在面對「進化假設」時，我們有什麼權利自認是人類的「至善」。我們的「發展」已經停頓了嗎？不，這是不可能的。但倒退的發展是有的；生命有上升線和下降線；難道我們確定我們人類是在依循哪條線嗎？

「人類並沒有以他們現在所相信的方式顯示出有往較好、較強有力或較高級的方向發展。『進步』只是一個現代的觀念，一個錯誤的觀念。現在的歐洲人就價值而言，遠低於文藝復興時代的歐洲人；向前的發展（今日所謂的進步）並非必然具有提升、增進、強化作用。」[62]

在既定的環境中「適者」生存的律則，絕不是暗示：較強或較佳者會生存。持這個顯然異端的學說的權威人物，就是赫骨黎教授和赫伯特．史賓塞。[63]我之所以說「異端的學說」，是因爲我提出的是一般的說法，也因爲我知道很多沒有深研「進化假設」的人（已故的詹姆士．馬提諾博士是其中之一）非常強烈地認爲，「適者生存」想必意味著「較佳和較強者生存」。但也許我們最好指出赫伯特．史賓塞和赫胥黎的實際用語來釐清事情。

前者在《文集》第一卷的三七九頁中回應馬提諾博士對於「一般進化」的假說的攻擊，告訴我們說：

61、赫伯特．史賓塞的《自傳》，第一卷，四〇八頁。
62、C．W．，第二四三頁，第四節。
63、也請參閱喬治．J．羅曼內斯（J. Romanes）論「達爾文的最近批評者」的論文，《十九世紀》，一八九〇年五月號。

「……如果我們賦予語詞任何一般的意義，那麼這個律則並非『較佳者』或『較強者』生存。生存者是以下這種人：他們在身體方面最適合在所處的情況中順利成長。就人類而言，時常是那些低劣者才會生存。無論就大小、力量、活動或睿智方面的優秀者，在其他情況相同時，繁殖力會減少。如果一個物種所過的生活並不需要這些較佳的特性，則當這些較佳的特性減少時，反而有益，而繁殖力的增加也會伴隨而來。所以才會有很多退化的蛻變情況出現——所以無論是內在或外在的寄生者，時常是較高的類型演變成退化形態。『較佳者』的生存並不包含這些情況，但『最適者』的生存則已含這些情況。這個詞是我提出的，所以我認爲我有資格說，『最適者』一詞是爲了這個理由而選擇的。如果我們記得，這些情況比其他情況多了很多，那麼我們將會看出『較佳者生存』一詞是完全不適當的。」

談到赫胥黎教授的「羅曼尼斯演講」，我們發現以下的內容：「我覺得有另一種錯誤彌漫了所謂的『進化倫理學』，那就是以下的想法：整體而言，動物和植物爲生存而努力，加上隨之而出現了『適者生存』現象，已經進展到完美的有機體狀態，所以，社會中的人、做爲道德生命的人，必須訴諸同樣的過程，以幫助他們達到完美境地。我認爲，這種錯誤是源於『適者生存』一詞透露不幸的曖昧意味。」[64]

那麼，我剛引自尼采．史賓塞和赫胥黎的三個段落，共同暗示什麼事實呢？

尼采說：

「進步並非必然具有提升、增進、強化作用。」史賓塞說，「在所處的情況中的適者生存，絕非意味著較佳者和較強者會生存。」而赫胥黎則告訴我們說，我們訴諸對生存的努力以及隨之而出現的適者生存，來幫助我們達到完美境地，但卻徒然。

從這三則陳述，難道我們不會十分清楚地看出，環境是決定性因素？如果卑低、受到殘害、微不足道和虛弱的生命最能適應環境，那麼卑低、受到殘害、微不足道和虛弱的人將是最適合生存的人了。

64、參閱羅曼內斯演講〈進化與倫理學〉，T．H．赫胥黎著，一九〇三年版，三十二頁。

我們知道，很討人厭的寄生者是「適者生存」的例子。寄生者所源自的那些生物，不同於寄生者本身，因爲牠們在努力求生存的過程中被征服了，但難道牠們不是高貴很多嗎？這一點不是十分清楚嗎？難道我們不是很瞭解了嗎？——如果我們的環境是那種只有衰退的生命可以在其中生存的環境，那麼我們可能就是「最適者」，但卻仍然是很衰退的。

尼采無情地直指道德。他告訴我們，環境並無助於人的提升；相反的，今日存在的人，也就是今日很快樂又幾乎很適應的一般人，所具有的特質想必對他的種族的未來沒有希望可言，只具有貶抑作用。尼采在現代人之中看到一種「湯林遜」（Tomlinson）——魯雅德．吉卜林先生在〈營房歌謠〉中所創造的有名角色。尼采的寫作精神很像「高貴的龍吉納斯（Longinus）」在三世紀的寫作精神，且受到同樣動機的鼓舞。在尼采寫作的時間中，歐洲人似乎也顯示出他的偉大希臘人前輩們在羅馬帝國的同代人之中所看到的同樣墮落徵象。他譴責「不幸與他同時代」的「侏儒」，他無法認爲他們是「進化」的無上榮耀。如果以阿克曼夫人假借大自然所說出的語詞，尼采很可能這樣歌詠人類：

「不，你不是我的目標，不，你不是我的界石。
我思考創造你時，已打算超過你；
我並非來自險沉的永恆谷底，
只爲了到達你的虛無。

你自己深信處於高位與顚峰，
神聖的大建設尚未完成，
人類，你不過是不完美的草圖，
我所夢想的傑作。

輪到你了，是你的時刻，你必須敗亡。
啊！你的驕傲令人氣憤又痛苦，
你永遠不會在我創造之手中，

重新被捏塑。」65

尼采以驚人的眞誠心情叫出來：

「我把『超人』教給你們。人是必須被超越的。你們在『超越人』一事上做了什麼呢？」66

尼采身爲眞正的「進化論者」，會要我們改變我們的環境，他會讓環境變得對我們而言更加嚴峻。

我們在某種程度上都可能創造出我們自己的環境。這是很大的誘惑，也許是人類所曾面對的最大誘惑。如果人類知道，自己未用盡的力量並不可能迫使他擬定更高的發展目標，他們就會受到誘惑，設法過著過於安逸的生活。那些像蝸牛一樣不情願地走向學校的享樂主義學童，並不知道自己有潛力，而他們受教育的要務就是要激發這種潛力。因此，知道這一點的長輩就會迫使他們往較不令人愉快的方向前進，迫使他們工作。但是我們瞭解道理，我們沒有藉口採行享樂主義，我們有各種理由相信「超人」是我們可以達到的境界。我們只有一個方向，任何其他方向都意味著我們故意逃避工作，昧於責任。

讓我們去除以下這個迷信：在涉及道德時，街燈杆已變高了。讓我們在「善惡之外」就位。「道德」中的眞實，就像所有其他事物中的眞實，對尼采而言具有什麼意義呢？他是這樣回答的：「眞實對我而言，就是提升人的東西！」[67]

「我的『美』今日在你們這些有道德的人上方笑著，它的聲音對我說：他們希望獲得附加的獎賞！」

「你們這些有道德的人，你們希望用美德換得獎賞，用塵世換得天堂，用你們的今日換得永恆？」

「現在，你們針對我的教導——即世界上沒有給獎賞的人也沒有發薪水的

65、參閱《小小文學叢書：阿克曼夫人作品集，詩歌》。
66、Z.，〈序言〉，第三節。
67、尼采的全集，諾曼出版，第十五卷，一五三頁。

人——感到很生氣。」

「不，我甚至沒有提供『美德是它自身的獎賞』這種教導。」

「你們愛你們的美德，就像母親愛孩子，但有任何人聽說母親希望因愛孩子而獲得獎賞嗎？」

「它是你們最珍愛的自我，你們的美德……」

「但是，說眞的，有些人把被鞭打的痛苦稱爲美德，而你們已經聽了他們太多的叫喊。」

「還有些人把惡德的荒謬稱爲美德。」

「……另有些人以沉重的腳步走路，像載運石頭下山的馬車發出軋軋聲，大談尊嚴和美德——他們稱他們的滑行爲美德。」

「還有人像每日的錶一樣上緊發條，他們繼續發出滴答聲，希望滴答聲被稱爲美德。」

「眞的，這些是我的娛樂。無論我在什麼地方發現這種錶，我就會嘲笑著把它們上緊發條，它們甚至會發出滴答聲。」

「又有其他人（習慣）坐在泥澡盆中，從蘆葦中說話：『美德——意思是靜靜坐在泥澡盆中』。」

「我們不會咬任何人，也避開想要咬人的人。無論是什麼事情，別人都會給我們意見。」

「如此，幾乎所有的人都相信他們參與了美德。無論如何，每個人都會使自己成爲『善與惡』的專家。」

「查拉圖斯特拉並沒有對所有這些說謊的人和愚人說：『你們懂什麼美德！你們可能懂什麼美德！』」

「但是，你們，朋友們，你們可能厭倦了從愚人和說謊的人那兒所聽到的陳腔爛調。」[68]

現代歐洲人，這種「群居的動物」，這種「荒謬的物種」，這種「親切、病弱以及平庸的東西」——這種現代歐洲人，一種「進步」和具「現代觀念」的人，最適合生存的人，因爲他們很小又被貶抑，完全不具高貴特性：這種人讓尼

68、Z：，〈有美德的人〉。

采充滿最嚴重的焦慮。他總是以恐懼的心情想到那些終將是最適合生存的人，這些人所處的環境是他們爲自己創造的，他們可能會適應這種環境，因爲他們被一種享樂主義哲學引進其中。他們有一種馴服、溫和又敏感的東西，是一種無害的東西，有著一種敏銳但卻膽怯的「對大好機會的眼光」。他們將是一種人類的流產。尼采看出那一天將來臨，情況的到來變得更可能，因爲情況正在諸如「進步」、「現代」、「在上帝之前平等」等虛飾語詞的遮掩下發生中……

尼采竭盡生命的所有精力大聲反對這種人類的墮落，他眞誠地呼喚我們要重新評估我們的價值，改變我們的情況，讓另一種動物可能在「對權力的奮力追求」中生存。

「我把『超人』教給你們。人是必須被超越的。你們在『超越人』一事上做了什麼？」

「猴子對人而言是什麼呢？是一種笑柄，是可恥的東西。人對『超人』而言也將是如此，是一種笑柄，一種可恥的東西。」

「你們已經從蟲走向人，但你們內心仍然有很大部分是蟲。」

「你們之中最明智者只不過是一種隱藏著的反抗，以及植物與幽靈的混合。

但是，我有命令你們變成幽魂或植物嗎？」

「看啊，我把『超人』教給你們！」69

但是，「超人」必須肩上承受很重的負擔，大部分是污物的重擔，因爲在我們租用這個「世界」的期間，我們並沒有幫助它變得清潔。他，這個較高貴的人，也必須有健康的胃，才不會在他回顧和凝望我們的污物時，在他回顧且努力要埋葬我們的污物時作嘔！

「眞的，人類是泥濘的河流。一個人必須至少是一座海，才能夠吸收泥濘的河流而不會變得骯髒。」

「看啊，我把『超人』教給你們：他就是那座海，你們的強烈輕視會沉沒其中。」

「那抹會用舌頭舐你們的閃電在何處呢？你們所應該被接種的那種瘋狂在何處？」

69、Z：，〈序言〉，第三節。

「看啊，我把『超人』教給你們：他就是那抹閃電，他就是那種瘋狂。」[70]

尼采經由人的力量和計劃方面的有益累積和增加而知覺到「仍然可以在人身上瞭解到的一切」；他知道，「人還沒有竭盡最大可能的力量，而過去的典範人物時常站在神秘和危險的十字路口，走向正確或錯誤的路，只是被一時的念頭或被巨大的『機會』所催促。」他知道什麼樣微不足道的障礙，時常毀滅了最高層次的美好發展，也知道人類的救主是因爲什麼託詞而時常被犧牲了。「人類的普遍墮落，」他補充說，「到達『未來的人』的水準——這是社會主義的愚人和頭腦簡單的人的理想——人的這種墮落和矮小化，成爲絕對群居的動物（或者成爲他們所謂的『自由社會』的人），這種以殘酷的方式把人變成權利和所有權平等的侏儒的方式，無疑是可能的！想出這種最終可能性的人，知道另一種非常可厭的情況，而這種情況不爲其他人類所知，並且也許也是一種新任務！」[71]

但是尼采的弟子們也許會問：這位「超人」是誰？他像什麼樣子？我們要如何描述我們所追求的這種理想？尼采不冀望描述，也不試圖提供我們「超人」的任何明確影像。「超人」是現今的較高級人類的一種進化，「超人」是尼采囑咐世人要努力實現的一種預言，「超人」是尼采勸誡我們要爲他信守的一種承諾。

他如何能夠描述還未臻至的一種發展呢？我們在他的作品各處中都可以瞥見他想像中的「超人」。他藉由過去的類比，確實能夠形塑有關的道德內容和「社會學」原則所要建立的那種生命的概念。有人對於他的先驅者「超人」所必要具有特性做了一種優秀但試驗性的分析，可惜我無法在這兒引用，只能說，這種分析出現在湯瑪斯．康蒙（Thomas Common）先生的傑出小型季刊《善良歐洲人的觀點》的一九〇六年冬季號。無論如何，我們可以說，「超人」的第一個長處必須是正直和眞實；他必須有勇氣，達到冷酷的地步。他的施捨，如果他施捨的話，以及他的慈善，如果他慈善，必須不是源於同情，而是一種非常強大的力量產生衝動後所造成的結果。

他天生具有一種崇高的智力，[72]並且是自由的——在於他有爲自己負責的「意

70、同前，第三節。
71、G．E．，一三〇頁，一三一頁。
72、C．W．，三四〇頁。

志」[73]——他將能夠支配，不是因為他會這樣，而是他必須這樣。[74]他將擁有「心的本質，為喧囂和自負的一切強加沉默與注意力，撫平粗糙的靈魂，讓它們嘗到一種新的渴望——像鏡子一樣平靜地位於那兒，可能映出深沉的天堂。這種心的本質會教導笨拙和太匆忙的手要多躊躇，以更細膩的方式去捉摸，為隱藏和被遺忘的寶物——黑暗的厚冰下的點滴之善和美妙的靈性——增加芬芳，探勘長久埋在泥沙中的每一粒黃金。每一個人接觸這種心的本質後都會變得更富有，不是受到眷顧，也不是感到驚喜，不是好像被別人的好東西所滿足和壓制，而是在自身之中變得更富有，比以前更清新，碎開來，由解凍的風吹響聲音；也許更加不確定、更精緻、更易脆、更受傷，但卻充滿無以名之的希望，充滿新的意志和流動，充滿新的敵意和反流動。」[75]

這種可能的半神領導著人，因為他是一個領導者。他被人忠誠地跟從，沒有人抱怨著說「為什麼」或「如何」，因為他們不僅愉快地承認，有人天生要跟從，並且也愉快地承認，無限的信心是對值得尊敬的人的最高形式尊敬。這種智力和意志的武士，把同胞的利益，真正的利益，視為比自己的利益更神聖，並決定不再讓思想和判斷的錯誤回歸，無數次糟蹋「人」的形象。這個「世人所贊同、豐富又有生氣的人，不僅學會妥協與處理過去和現在，並且也希望再度擁有過去和現在，永遠不滿足地叫著『從頭開始』，不僅對自己也對整個作品和整個演出這樣叫著。」[76]如果我說的沒錯，這就微微預示了尼采的「超人」。他在思想中存有這種理想，把我們現在的情況稱之爲重大的「全盛期」——人類的偉大「如日中天」。他要我們爲這種信念而活而死。

很自然地，他把我們看做只是這種理想的很微小的幾步，但他懇求我們不要以卑低的姿態想到我們的處境及其沉重的責任。

「人是懸在動物和『超人』之間的一條繩子——一條位於深淵上方的繩子。」

「一條危險的十字路口，一處危險的中途站，一種危險的前瞻，一種危險的

73、同前，二〇二頁。
74、同前，三四一頁。
75、G．E．，二六〇頁，二六一頁。
76、同前，七十四頁。

顫動和躊躇。」

「人的偉大部分在於他是橋梁，不是目標：人可能被珍愛的部分是：一種過渡和一種破壞。」[77]

「該是人類預定目標的時候了。該是人類栽培最高希望的胚種的時候了。」「他的土壤就這個目的而言仍然足夠肥沃。但是土壤有一天會變貧瘠、沒有生命力，不會再從其中長出高樹。」[78]

他非常意識到他不可能以這樣的學說來訴諸很多人。「他們不瞭解我，」他說，「我不適合講給這些人聽。」享樂主義更加適合他們的口味，更加簡單，尤其是更加飽含即刻的利益。

尼采聲稱，他要訴諸那些較深沉的人，這種人的耳朵足夠靈敏，聽得見「現代的進步」這種聳動的音樂中的一刺耳的音符。尼采聲稱，他要訴諸的人足夠有識別力，猜得出躲在「現代觀念」這種華而不實的東西背後的騙子。簡言之，他樂於訴諸那些深沉又高雅的人，他們是極少數精選的人，已在內心最深處知道，人類的一切都不是光明正大的。

「有數以千計的路徑還不曾有人走過，是數以千計的生命淨土和隱藏的島嶼。人和人的世界仍然沒有開發殆盡，仍然沒有被發現。」

「你們這些孤獨的人啊，醒過來聽啊！風兒正輕輕鼓著翼從未來吹過來，有消息要傳給高雅的人聽。」

「你們這些分散地站立著的現代孤獨的人啊，有一天你們會成爲一種民族，從你們這些自我選擇的人之中，一種選民將會到達，從其中會出現『超人』。」

「眞的，地球將變成一個治療勝地，一種新的氣味環繞其四周，這種氣味帶來拯救——以及一種新希望。」[79]

「『超人』還不曾存在。我已見過他們，都是裸體的，是最偉大又最渺小的人，都是裸著身體。」

「他們仍然太彼此相像。眞的，我發現，甚至最偉大的人也——太人類

77、Z.，〈序言〉，第四節。

78、同前，四、五節。

79、〈施予的美德〉，第二節。

了。」[80]

尼采對人類叫道：「『超人』是這個地球的意義。你們的意志將會說道：『超人』是這個地球的意義。」[81]

他對女人說道：「讓一道星光在妳們的愛中閃耀！讓妳們的希望成爲：但願我可能生出『超人』！」[82]

在最後這個段落中，尼采以明喻的方式告訴我們他是什麼樣的人，以及我們要如何看待他，我們也從他的詩意風格中知道，他對自己的任務有什麼想法。

「我愛所有那些像沉重的雨滴從低罩在人類上方的烏雲一顆顆落下的人：他們宣告閃電的來臨，並在行動中死去。」

「看啊，我是閃電的宣告者，也是來自雲端的一顆沉重雨滴：那閃電的名字是『超人』。」[83]

80、Z：，〈祭司〉。
81、Z：，〈序言〉，第三節。
82、Z：，〈小女人，年老與年輕的〉。
83、Z：，〈序言〉，第四節。

03 所有價值的重估

在前面的兩次演講中，我試圖處理尼采的嶄新部分——他的獨創部分。首先是有關於現代歐洲道德問題，其次是有關他的人類理想。你們聽到大部分後，想必覺得很新奇，甚至達到「奇異」的程度——甚至達到「反常」的程度。然而，現在我要處理的是他的哲學的另一面，即「所有價值的重估」。演講的這個名稱本身，就承諾要在新奇性和獨創性方面超越前述的一切。

事實上，一個人是否能夠試著在一次演講中處理這個主題，並不是很有信心。我要呈現在你們面前的觀點，首先似乎會顯得很混亂。

一個人甚至必須適應新奇的思想。

但是，這些思想也許會完全顛覆你們最看重的想法，所以當你們第一次聽到時，可能會震驚、不悅，甚至受傷，並且是在最脆弱的地方受傷。

在我上一次的演講中，你們聽到尼采談到新音樂、新語詞、新顏色效果。你們聽到他宣稱，這一切都與人們的感官不合。「我們都以很差勁的方式聽新音樂，」他說。我需要指出其中的寓意嗎？

你們在「所有價値的重估」這個題目下所會聽到的內容，對你們而言會是「新音樂」。不僅是新音樂而已，演奏它的樂器也會是新奇的。

尼采是一種新的人類樂器，是一種昂貴的樂器，其令人不愉快的目的就足夠證明他的脆弱。凡是鑽研尼采作品的人都會確定他的崩潰就是一種有機體的斷裂，因爲這種有機體的生活狀態太過緊繃了。

他是一種新的樂器，他的眼睛和耳朵能夠看到和聽到大部分太遲鈍的眼睛和耳朵在今日所看不到和聽不到的細微之處。他所提供我們的音樂是新音樂。因此，讓我們準備「以很差勁的方式聽吧」，但要記得在適當的地方找出錯誤。

有了這種警告，我希望讓你們免於憤怒與不耐煩，以免昧於我現在希望提供你們的觀點中的價値。我知道我提供的方式充滿了短視的成分，但是就讓這個事實做爲一種進一步的理由，促使你們轉向他的作品本身，更能瞭解其所傳達的訊息。

然而，這篇演講論文的最好開場白，卻是尼采自己在「價值重估」的第一冊中所提供的。也許他相當意識到自己的學說可能面對的命運，所以他就在其中以如下的語氣寫著：

「此書屬於精選的少數。也許他們之中沒有一個人還活著。他們也許是那些瞭解我的查拉圖斯特拉的人……只有後天才屬於我。有些人是死後才生的：

我非常準確地知道，一個人會在什麼情況下瞭解我，且必定瞭解。他必須在知性的事物方面很誠實，甚至到達嚴厲的程度，才能夠忍受我的嚴肅、我的熱情……他必須變得無動於衷，他必須永不會問道：眞理是有益的呢？還是會成爲他的災難？他偏愛至今沒人敢問的問題的堅強有力；對於禁忌的事物表現得有勇氣；傾向於錯綜複雜的事物。他有傾聽新音樂的新耳朵，有看到最遠方的新眼光。他對於到現在爲止都保持無言的眞理具有良知……嗯，只有這些人才是我的讀者，我的正確的讀者，我的先決的讀者：其他的有什麼重要性呢？」[1]

一個以這種方式寫作的人會存有被誤解的預期。是的，他故意自找誤解，因爲他知道，瞭解是一回事，忍受一個人所瞭解的事物是另一回事。「每一位深沉的思想家，」他告訴我們說，「害怕被瞭解甚於害怕被誤解。後者也許會傷害他的虛榮心，但前者會傷他的心、他的同情心，而同情心經常會說：『啊，你也會有跟我一樣艱苦的日子嗎？』」[2]

我們可能會問：是什麼事使得尼采過著艱苦的日子呢？是的，他過著孤獨的生活，是禁欲者生活。他也是個病人，就某種程度而言是一位被放逐者，幾乎爲每個人所拒斥。但是如果我們檢視這些有關他的事實，我們就會發現，這些事實是他的不快樂的徵象，而不是原因。造成這種不快樂的原因其實是尼采自己——他的身體的特別構造。他唯一的選擇是單獨生活。一個預定的結論是：他會是一個病人，而與他同時代的人不得不拒斥他，只因爲尼采沒有同伴，無健康可言，在也許早了兩、三個世紀誕生的世界中並沒有眞正與他同時代的人。

尼采很可憐，因爲他無法適應環境，他是一位隱士，因爲他不曾發現能夠成爲他的同伴的朋友、同等的人——以生物學家的語言來說，就是能夠讓他感覺與

1、C·W·，二三九頁，二四〇頁。
2、G·E·，二五八頁。

環境和諧的人。

在一首名爲〈在高山〉的美麗詩歌結尾的地方，他告訴我們說，這其實是實際情況。

「哦，生命的全盛期，第二個青春的大地！
　美麗的夏日車站！
哦，不安定的幸福在警戒中期盼：
我等待著朋友——日夜都在注意，
爲了新朋友！哦！來啊！現在立即！

「這首歌已唱完——渴望的美妙疊韻
　停下來有很好的理由：
藉著魅惑的魔法，時機合宜的朋友，

全盛期的朋友——但我爲何要說明——
當一人變成兩人時是在全盛時分……

「我們現在很確定征服的力量，開始歡慶
五年一次的最莊嚴人口普查：
客中之客到達，是朋友查拉圖斯特拉！
現在世界微笑著，撕開的是夜的面巾——
婚姻來臨，爲了黑暗和光明。」……[3]

有任何詩行比這更具不可抗拒的深刻力量嗎？經過一年到頭尋找朋友後，查拉圖斯特拉——他自己創造出來的人物——是他在餐桌上所能容忍的唯一客人！

3、G．E．，二六七頁，二六八頁。

在別的地方，尼采試圖說明他受苦的性質，而我們也許更清楚地看出，我們對此事的觀點是相當眞實的。

他告訴我們說，他因人類而受苦。

「你們還沒有受苦！」他在頓呼「較高級的人類」時這樣說。「你們是因你們自己而受苦，你們不曾因人類而受苦。你們會說謊，你們沒有否認！你們之中沒有人受過我的苦。」[4]

尼采因爲飽受不適應的致命傷，實際上是處於觀戲者的地位。他看到人類，就像旁觀者看到所有的事物，也就是說，他看到遊戲的大部分。

但是，我們今日有什麼時間想到人類呢？

當我們把一些食物丟給充斥四鄰的殘廢者、一無是處的人以及生病的人時，我們時常自認取悅了我們的種族的想像心靈，但一般的人類呢？——做爲物種的人類呢？誰有時間想到這個問題呢？誰甚至希望想到這個問題呢？

我們生活很忙碌！我們貪圖舒適、欲望，甚至貪圖安全，而尼采卻從這一切之中脫穎而出，像一位警告性的命定人物，囑咐我們向前看。他是一個具很不同品味的藝術家，他的目標不在於把自己的品味強加在我們身上，而是讓我們確實感覺到我們在運用自己的品味。

他讓我們對自己的本然感到很確定，他提供了有關我們可能性的令人目眩的描述，勸我們接受他的理想，不然就創造我們自己的理想。

他以激烈的強調聲音叫出來：「地球有一層皮膚，那層皮膚生病了。例如，其中一種病叫『人類』。」[5]

由於這種激情、爲種強調，尼采遭受到輕蔑。我們身爲現代歐洲人已經不再以這種方式談論事情。甚至在我們的辯論中，那些超敏感的人、喜愛和平和自在生活的人，都對我們低語，要我們無論如何不要表現個人風格。是的，我們已經很懷疑一些人，因爲他們很專注於自己的信念或觀念，因此說話時口氣激烈。於是我們已變得較溫和，甚至比歷史上最溫和的人——「基督教的創立者」——更溫和。基督確實說過：「不管誰打你的右頰，把左頰也轉過去吧。」但是他還是

4、Z.，《較高尚的人》，第六節。

5、Z.，《大事件》。

會發洩他的激情，從他對於貨幣兌換商的攻擊可以看出來。

尼采以激烈的方式告訴我們，尤其在英國更是如此，因此我們很容易撅起嘴唇。甚至像聖茲伯利（Saintsbury）教授這樣一位批評權威，也不免要反對尼采的「心情與脾氣的魯莽、無法控制的流動與逆流」。[6]這位博學的批評家不只一次露出恐懼和憐憫的嚴肅表情，暗指那種他認爲非常明確地力透露在這位德國哲學家作品中的精神失常污點。[7]由於我們已被告知他是死於瘋病，所以我們多麼容易提出這種批評，多麼容易在一個人的作品中指出瘋狂所在！[8]

爲了表現得冷靜，到此時爲止的先決條件一直是：「沉悶」、「冗長」、「枯燥」——「沒有活力」！我們對那些作品中具有這些特性的人很有信心，如康德、J.S.米爾、希格維克（Sidgwick）。

尼采是用血寫作的人，他讓哲學變得跟聳人聽聞的羅曼史一樣具有令人興奮的趣味，他自己曾說，他並不特別希望在現在爲人所閱讀，他的抱負在於創造出「時間無法侵蝕的東西」，[9]並且我們已經看出，他努力要「以十個句子說出其他人以一整本書才說出——其他人以一整本書也沒有說出——的東西」。[10]

正統的人以及喜愛傳統的人，以普林格．派提遜（Pringle Pattison）教授爲先鋒，立刻對他表示暴怒。他對他們而言是新音樂，他不會令人沉悶；他們感到很困惑！這些仰慕枯燥陸地、枯燥書本和枯燥觀念的人堅持的是，在讀哲學的時候，他們必須感到厭煩，否則會感覺到，衡量他們的哲學研究深度的自懲罰因素完全闕如。

「不要忘記，」尼采說，「我們飛得越高，那些不能飛的人就會認爲我們越小。」[11]

這不是爲了警句而警句，這是表達他整個一生經驗的一種思想。

他的眼睛經常看著他的同胞。人類在閱讀他的作品時會變得難爲情，甚至臉

6、《批評史》，第三卷，五八六頁。
7、同前，五八四頁，五八六頁。
8、關於這一點，請參閱，饒爾・李奇特（Raoul Richter）著《腓特烈・尼采，他的一生與作品》，七十九至八十六頁。
9、C・W・，二二一頁。
10、同前。
11、D・D・，第三八六頁。

紅。堅定的批判性眼光有時會太尖銳，因此激起人們的憎意和對立。

「我朝我的目標努力，我走我自己的路，我將超越那些遲疑和耽擱的人。讓我的路徑成爲毀滅他們的媒介，」[12]

「我是沿河而設的欄杆，凡是能夠抓住我的人都可能抓住我。然而我卻不是你們的拐杖。」[13]

尼采尤其是一位批評家。甚至聖茲伯利教授也冷淡地承認尼采的這種能力。尼采囑咐我們要環顧四周。他批評整個現代文化。他的控訴的主調是：我們全都是頹廢的。我們已經知道，「適者生存」絕不意味著「較優良者或甚至較可容忍者生存」——如果我們賦予這兩個語詞平常的意義。如果有必要的情況，則根據我們現在的觀念「適者生存」可能意味著「最卑微、最低賤類型者生存」。

我們藉由我們的「善與惡」的價值創造我們的情況。我們要問：我們所創造的情況正要達到一個目標，而這個目標可以讓我們現在接受有尊嚴或配得上遺產的東西嗎？我們的品味是未來的人類比現在高貴、健康、強健呢？還是比現在卑低、畸形——不名譽呢？

尼采向我們保證，「頹廢」是我們現在的價值的唯一可能、終極目標。事實上，他已經看出，在今日，頹廢以一百種不同面貌在我們四周顯現。他懇請我們要改變我們的價值，以免太遲。「該是人類標示目標的時候了。該是人類栽培最高希望的胚種的時候了。」

「他的土壤仍然足夠肥沃，可以達到那個目的。」[14]

「不僅千禧年的理性，並且千禧年的瘋狂，突然在我們之中出現。成爲繼承人是危險的。」[15]

但是，你們可能會問，我們要如何決定新價值呢？在我的第一篇演講論文中，我們看出，尼采提供我們鑰匙。他說，在評估一種道德原則的價值時，重要的並不是這種原則的普遍性，而是它的本源。如果讓這一點成爲我們檢視今日盛行價值的整個過程中的規則，則我們將會看出，就算我們的品味剛好與尼采吻

12、Z：，〈序言〉第九節。
13、Z：，〈臉色蒼白的罪犯〉。
14、Z：，〈序言〉。
15、Z：，〈施予的美德〉，第二節。

合，但今日盛行的價值中，可以保留的事多麼少啊。

各種形式的道德只是自我增強和獲得權力的方法。我們這一生就是「權力意志」。但是如果我們承認這一點，就像我們在第一篇演講論文中所瞭解到的，那麼，我們也會以暗示的方式承認：不僅實際上有權力的人，而且無能、受壓迫、不健康、受到挫折的人，也會努力追求權力。假定這其中的每一種人都講道德的話，結果會是如何呢？強有力的人、快樂的人、健康的人、健全的人，難道不會認為健康、權力、力氣、健全是「善」，而無能、虛弱、生病以及不健全的人，難道不也可能會確實認為這些特性是惡——是他們的惡？

生命意味著奮鬥、戰鬥——戰爭。在這一切停止的地方，生命的旗幟就會倒下；[16]生命會衰退。生命遭受攻擊後仍生存，通常而言，會變得更堅強。甚至今日，我們也拿著我們的職業或行業所放在我們手中的武器，在進行一種不流血的戰爭。

但是，戰鬥就要努力，就會疲乏。對虛弱、不健全和遭受挫敗的人而言，那是無法忍受的疲乏，無法承受的努力。因此，他們也許會把什麼東西視為幸福的理想呢？他們蒼白的手放在悸動的胸上，難道不會大聲要求和平、愛、對鄰人的愛？是的，甚至對敵人的愛？難道他們不會說：和平是善，愛是善，對鄰人的愛是善？是的，甚至對敵人的愛也是善？這種道德難道不是強烈地意味著：戰鬥令人厭倦、戰鬥令人受傷、戰鬥令人無能？難道他們不會以報復的眼光看待健康、快樂、力量、成功？

上面所說的就足夠做為序言，就足夠顯示出尼采據以建立兩種道德——主人道德與奴隸道德——的健全心理基礎。讓我們準備面對一旦承認這些觀點時所會導致的異端結論吧。

無論我們多麼渴望要跟隨尼采，我們都會發現自己受到他的學說的無情攻擊，並經常被要求放棄我們最看重的理想。所以，如果我們發覺自己在最初的時候甚至沒有很堅決地傾聽——甚至看清楚——甚至好好思考，那麼，我們也不必驚奇。

「真的，我已經從你們那兒取得一百句話，以及有關你們的美德的最珍貴玩

16、G．E．，二三五頁以下。

物，現在，你們就像小孩一樣生我的氣。」

「小孩在海邊玩耍，一陣浪沖過來，把他們的玩具都掃進海的深處，他們哭出來。」

「但同樣的浪潮會為他們帶來新玩物，把五彩的貝殼展現在他們面前。」

「於是他們會感到安慰。我的朋友們，你們就像他們一樣，也會有你們的安慰和新彩色貝殼。」

「查拉圖斯特拉如是說。」[17]

尼采不曾允許母親偷看他的任何作品。這個年老的女人直到去世都不曾讀過她兒子任何一行的哲學作品。[18]他要讓母親過著跟他一樣艱辛的生活嗎？顯然不是。他讓母親存有對生命的幻象。母親已經實現她在世上的任務。當尼采開始寫作時，她的生命已經很有成就，他為何要打擾她的平靜安詳？既然她只剩生命之秋，為何要讓她怨恨世界？

尼采不訴諸那些已經完成生命任務的人。他很清楚地體認到，幾乎沒有人有勇氣——縱使有信心——去回顧過去的自我，撤銷所說和所做的一切。期望他們這樣做是枉然的——尤其是，這個世界的人仍然倔強地認爲，任何嫌惡的感覺或意見的改變是脆弱的徵象。[19]

尼采訴諸年輕人，年輕人眼前有生活在等著他們。他在《查拉圖斯特拉》中那種有關婚姻的言詞，也許是整個世界文學中有關這個主題的最佳作品。他把婚姻提升到人類制度中最神聖的境地——不是幾乎如此，而是實際上如此。他把結婚的男女視爲人類未來的保證。聖保羅在婚姻方面所說的話讓他起反感，我甚至不想在這兒引用。[20]對尼采而言，婚姻不是最終的手段，不是「因爲沒有更好的方

17、Z.，《有美德的人》。
18、《尼采的文獻，他的朋友和敵人》，E. 佛雷斯特—尼采著，十八頁。
19、關於這方面，請參閱聖茲伯里在他對於尼采的評論的結語，《批評史》第三卷，五八六頁。
20、既然根據所提到的語句，聖保羅是對確實卑下和墮落的人講話（哥林多書），所以，如果把他的態度視爲他對於婚姻的基本上基督教的態度，那也許是不公平的。因此，我請求讀者去參考《羅馬禮書》，尤其是英國教會公禱書。

法」；他非常嫌惡這種觀點，[21]因爲這種觀點忽視了這種制度的主要目標——人類的未來的保證。

他寧願這樣說：

「你年輕，希望擁有孩子和婚姻。但我問你：你是膽敢希望有小孩的男人嗎？」

「你是獲勝的人、自我壓抑的人、支配任何感官的人、控制自己美德的人嗎？我問你這些問題。」

「我希望你的獲勝和自由是孩童的渴望。你將爲你的獲勝與自由創立生動的紀念碑。」

「你的創立將超越你自己。但首先你必須在肉體和靈魂之中誠實地自我創立。」

「你將不僅有後代，並且這些後代也將是提升你的力量！因此，婚姻的花園可能對你有幫助！」

「對造物者的渴望，對『超人』的認同與渴望：嗯，我的兄弟啊，這是你對婚姻的意志嗎？」

「我說這種意志和這種婚姻是神聖的。」[22]

就神聖的婚姻狀態而言，我們還能在什麼宗教中發現類似的語詞呢？

尼采訴諸年輕人，告知他們現代人頹廢的性質。他到處指出這一點，希望經由年輕人來克服這一點。他在《反基督》中寫道：

「我在這兒提出的問題不是：什麼將在生命鍊（人是一種目的）之中取代人類，而是：我們將培養、促成什麼類型的人，成爲較有價值、較值得生活、較確信將來的人。

「這種較有價值的類型的人存在的時間足夠久了，但都是幸運的意外、例外，不曾以意志促成。它最爲人所恐懼，到現在爲止，幾乎是可怕的東西。相反類型的人已被促成、培養、完成，是馴養的動物、群聚的動物、病弱的動物人——基督徒。」[23]

21、C．W．，三三六頁，三三七頁。
22、Z．，〈孩童與婚姻〉。
23、C．W．，二四二頁。

尼采看到生命的兩個方向，上升的方向和下降的方向。他在文明化的世界中認眞地探究生活之後，獲致了必然的結論：下降的方向幾乎是規則。他並不諱言自己的想法，指出了導致這種狀態的原因。

他告訴我們說，虛弱的人、不健全的人和奴隸的道德，正凌駕其他較高貴的道德。

我們的狀況是由我們的價值來決定，而尼采攻擊這些價值。他明確告訴我們說，我們的價值正是我們要加以改變的東西。如果人類要成爲未來值得尊敬的生命，如果他不要成爲病弱、無精打采的動物，在疲累的生活中抱怨、流汗，就像在生病時所過的生活，那麼，我們就必須改變理想。如果我們要有另一種人類，如果我們的品味健康、快樂、有力量、外表讓我們確定生命無價的人的品味，那麼，要完成這種革命，要阻止今日的頹廢潮流，要達成這種「提升」（就尼采的理解而言），只有靠著重估所有的價值，重估所有現代的價值。

如要面對聖茲伯利教授所謂的這種「混亂化」，則先決條件是：至少要對我們現今的價值有某種程度的瞭解，而這就導致了一個最爲卓越的問題，而尼采表現最強烈的力量、最新奇的方式和最大的力量回答了這個問題。我們現今的價值是什麼？回答是：基督教的價值。

無論我們會多麼堅決地拒絕積極涉入基督教禮儀和虔誠，無論我們會多麼認眞地否認我們對於虔誠的宗教忠誠，事實還是存在：在我們的道德中，在我們對生命的感知中，我們所採行的原則是基督教的原則。

今日我們對於「善」的概念，不是我們從野獸狀態中努力進化出來時所持的概念。它是某位立法者所給我們的善之概念，而這位立法者像所有立法者一樣，想要創造出一種類型的人。

這種「善」被迫當做嶄新的東西教給小男孩。不管遺傳如何，並且在還沒有被灌輸有罪的觀念之前，小男孩最初都會抗拒這種「善」。它是基督教的善之概念。因此讓我們來談基督教吧。

然而，在還沒開始進行這種辛苦的工作之前，我們最好記得尼采對於一般宗教的精確觀點。

我想，只要是很小心閱讀尼采作品的讀者，都不致有一會的時間懷疑他是一個宗教感極深的人，因爲如果懷疑的話，就是誤解他的思想的整個趨向。是的，如果宗教感是意味著面對大自然的無情和美時表現出尊敬和敬畏的態度——這正是諸如崇拜太陽者的古代宗教的明顯特點——則尼采對宗教感的天賦和想法，可能甚至會被認為很不尋常，而我們只要回憶他在《查拉圖斯特拉如是說》之中那首名為〈日升之前〉的詩，就會相信這個事實。

然而，除了這點之外，我們在他作品的每個地方都發現，他讚頌宗教之為用，視之為衡量紀律的方法、[24]達到較高知性的步驟、[25]臻至寶貴的奮鬥的方法。[26]我們甚至在一個地方發現，他譴責男人能夠愛任何女人，但就是不能愛有宗教感的女人。並且，那種可以被視為所有較高宗教發展中一個因素的天賦敬意，根據尼采的說法是所有貴族特質的必要條件。

因此，我們不能說，尼采是反宗教的。事實上，他絕不是如此的。但他表現出人類的優秀之處，在各方面都忠於自己的目標，根據宗教要人們追求的理想而將宗教分類，就像道德一樣。

他認為重要的並不是宗教的傳說，也不是宗教的可疑承諾，也不是宗教的非凡奇蹟，而是我們可能很容易猜測到的：宗教的道德。宗教的道德是彰顯宗教整個特性的部分，因為正是這一部分把「創造一種類型的人」視為其目標。宗教信仰者心存的希望、宗教希望的保證所據以為基礎的神話，以及宗教創立者通常所宣稱的「他們的教義是以超自然的方式在他們身上顯示」——所有的這一切，可以說是荒謬到極點，尼采並不去注意它們，一點也不想去揭發它們。他最關心的是，在某種宗教的助力之下，以及由於這種宗教的道德而很容易變得最重要的那種人。

如果類型令人滿意或者還可以，則無論培養這種類型的宗教可能多麼荒謬，這種類型都會因其品味而獲得稱讚。反之，無論儀式多麼莊嚴，無論如何利用邏輯，尼采都無法爲這種宗教辯護。

現在回到基督教，讓我們自問：基督教有什麼特性，是對這問題很冷漠且只部分瞭解事實的探究者，可能認爲是最明顯的特性，可能認爲是所有信仰者會遵從的信仰指標？

24、G．E．，八十頁。
25、同前，八十一頁。
26、同前，八十一頁。G．M．，一六九頁，一七〇頁，一七一頁，一七二頁，一七三頁。

難道不是基督教假定了一個牴觸「現今」、牴觸「現世」——牴觸生命——的來世？每個公平的批評家一定都會認爲，對現世的否定、中傷、誹謗，加上對來世的讚頌、來世的重大承諾，以及進入來世的條件，是「福音書」和新約其他各書的主要思想。

「不要愛這個世界，也不要愛世界中的東西。如果任何人愛這世界，那麼，他心中就不會有對天父的愛。」我們不能說，這則經文的觀點在新約中很特別。還有：「愛生命的人將會失去它，而恨這個世界的生命的人，將永遠保有它。」我想，沒有人會否認，這種思想是基督教的核心。

我們要如何看待這種對世界的憎惡的意義呢？我們要如何說明這種憎惡呢？健康的小孩會蹦蹦跳跳，小貓會愉快地玩耍。有誰會注視著一個健康的小孩或一隻小貓在玩耍，但卻仍然堅稱他們應該憎惡這個世界的生活？

小孩、小貓都非常眞心地肯定生命。

「對純潔的人而言，所有的東西都是純潔的……但我告訴你們，」尼采說，「對豬而言，所有的東西都是豬！」

「因此，那些存有負面心理狂熱分子和僞君子會這樣宣揚：『這世界本身是一種醜惡的怪物！』」

「因爲他們全都內心不潔淨，特別是那些內心騷動不安的人。不然就是他們從以前看這世界——他們是活在以前世界的人！」[27]

對這世界的尖酸和憎恨想法是源於什麼種類的心理呢？[28]

一旦這種想法產生，當然就會像瘟疫一樣蔓延。今日只要我們看看自己的四周，就會發現，身心健全而能夠像健康的小孩一樣天眞、眞心、圓滿地肯定生命的人是多麼少。因此，如果我們指出那些無論以正確或錯誤的方式對生命和這個世界表示不信任的人，藉此來支持這種不信任，那只會使得問題更複雜。如希望獲得啓迪，則我們唯一能問的問題是：是什麼樣的心智首先引起這種不信任？是什麼影響力在運作，使得聖約翰．叔本華、佛陀和聖保羅否定生命？這是我們的問題。

27、Z．，〈舊桌與新桌〉，第十四節。

28、關於這個問題的答案，有一個有趣的提示，請參閱吉朋的《羅馬帝國衰亡史》（墨修出版公司，一八九六年版），第二卷，六十八頁。

我們聽到：「只有可憐的人是善的，只有貧窮、無能、卑下的人是善的；只有受苦的人、生活艱苦的人、生病的人、醜陋的人是虔誠的，只有他們是神聖的，福氣只等著他們。但是你們，你們這些高傲和有能力的人，你們永遠是邪惡、殘忍、好色、貪得無厭、不信神的人。你們也將永遠是不被祝福、被詛咒的人！」[29]我們讀到：

「心靈貧乏的人有福了，因爲天堂的王國等著他們。」

「悲傷的人有福了，因爲他們將得到安慰。」

「柔順的人有福了，因爲他們將繼承這個地球（！）」

「和事佬有福了，因爲他們將被稱爲上帝的孩子。」

當我們讀到這些見解時，有多少敏感的人不會豎起耳朵，去傾聽透露無能意味的沙啞聲音？有什麼敏銳的人不會覺察出這些語詞背後所透露的不幸、虛弱、不健全的人的「權力意志」？這種詮釋需要加以證實嗎？

有誰可能會說：「上帝爲我報仇……主爲我報仇！」讓我們誠實又正直地自問：是誰把報仇留給上帝或未來的時間，還必須爲敵人設置地獄？一定有一種人在以前這樣做了，爲的是平息一種強烈的憎意。是有力量懲罰敵人的人嗎？是各階層中的征服者或成功的戰士嗎？

如果我們眞誠地自問這些問題，我們就會接近啓發的境地，我們就會開始知覺到：什麼類型的人努力要藉由基督教價值來保命，甚至使同屬自己種類的人變得普及。

上帝已經以很多形態在人心中出現。但是，在他還未能變成聖保羅在以下的段落中所描述的悅耳的低階層甜美神祇之前，想必有什麼事在他身上發生。是什麼事呢？尼采的回答是：有一種類型的人已經把他據爲己有，並將他加以界定。這些人因爲處於生命卑低地位中，所以也許就把那些尊敬、甚至讚賞他們的狀態的特性加在他身上。

聖保羅對哥林斯人說：

「……上帝不是已經把這個世界的智慧變得愚拙了嗎？」

29、G．M．，二十九頁。

「上帝運用他的智慧，使世人不能夠藉自己的智慧去認識他；相反的，上帝決定使用人們所傳的愚拙訊息來拯救信他的人。」

「……從人的觀點看，你們很少是聰明的，很少是有能力的，很少是高貴的。」

「但是上帝偏偏揀選世人所認爲愚拙的，來使聰明的人羞愧，又挑選世人認爲軟弱的，來使堅強的人羞愧（！）」

「是的，他也挑選世上卑低的事物，[30]挑選世人所輕視、認爲無足輕重的，來推翻被認爲重要的。」

我們完全有理由去探究這個問題：這樣的語詞是訴諸什麼樣的心智呢？它們是要把力量賦予哪一部分的社會？尼采認爲這個問題很中肯，他回答說，只有任何社會中那些受壓迫的人、虛弱的人、不健全的人或奴隸，才會感覺需要這種語詞。聖保羅的這些見解是涉及兩千年的道德價值。它們是些什麼價值呢？它們是一種高貴、上升、健康的道德的價值呢？還是一種奴隸、頹廢、不健康的道德的價值？

很顯然，發明這種價值的人不是高貴或有力量的階級。這樣的階級不需要這種價值。它們訴諸那些充滿憎意的人，那些無能、殘廢、生病或在任何方面生理有缺陷的人，以及一些人，他們厭倦看到有力量、快樂、健全的人，也就是人類的未來福祉所依賴的所有那些人。[31]

世上有憎意的人以遊戲的方式跟自己的弱點、疾病掙扎著，就像跟一個朋友掙扎著，他們也像所有的人類一樣非常渴望道德。他們也希望讓那些同屬他們種類的人變得普遍。但是高貴、強健、健全的人的價值阻礙他們。他們要如何使**他們**的善惡概念變得普遍呢？這是他們的問題所在，而整個種族如要獲致力量，端賴這個問題的解決。

30、Tà ἀγενῆ 眞正意思是——出身低賤的東西。

31、歐爾蕭森（Olshausen）說：「古代基督徒大部分是奴隸和地位很低的人。教會擴張的整個歷史其實是：無知的人逐漸勝過有學問的人、低賤的人逐漸勝過高尚的人，最後皇帝自己把皇冠放在基督的十字架之前。」（曾任坎特伯利司祭長的神學博士亨利·亞佛德所引用。請參閱他的《希臘聖約書》，第二卷，四八一頁。

強者的自然功能是釋放他們的力量。他們的要務不是消極的不活動，而是進取的活動。

「如果你要求力量不要顯示它是力量，不要成爲壓制、征服、支配的意志，不要渴望去面對敵人、抗拒和勝利，那是很荒謬的，就像你要求虛弱要顯示出它是力量一樣荒謬。」32

但是，虛弱、不健全以及生理上有缺陷的人如何看待此事呢？那些比他們優秀的人在身心方面自然地釋放力量，對他們而言是一種無法忍受的迫害，可能危及他們階級的普遍化。

一個虛弱的人釋放力量等於是一種做作。他必須努力把所有注意力集中在上面。縱使如此，他也不一定會顯示出力量。因此，虛弱的人提出的自然結論是什麼呢？在專心省思之後，情況不是很清楚嗎？——他想必是把力量的顯示視爲是自發的，不是必要的。甚至強健的人也是如此。難道虛弱的人不會認爲，那些強健的人如果願意的話，也可以隨意表現得像虛弱的人；如果強健的人不這樣做，由於差異是自發的，所以這一定是他們的故意選擇，他們的錯，他們的罪過？33

剩下的只是：把這種馬基維利式的學說教給強健的人，而虛弱的人的地位就會變得安全。

然後尼采告訴我們：虛弱的人相信，強健的人如果願意的話，可以自由表現得虛弱，所以虛弱的人不僅對強健的人的力量喊叫著「可恥」，並且他們自己也開始認爲虛弱是自發的。他們終於認爲他們的虛弱是一種表演，不是體質的必然結果，而是一種選擇和識別力的表現，是他們的品味、他們的原則所造成的。於是虛弱和美德之間的鴻溝就這樣跨越了。他們無法報復，無法積極地與夥伴融合在一起，無法與「惡」有所接觸，無法表現得不耐煩、自傲、不義；這一切就因此成爲一種自我意志、自我選擇的事情，成爲一種功績，一種優點。[34]

由於對「虛弱」的這種故意和善良的選擇，由於他們提升了他們的偉大資產——可憐啊，所以他們被他們的上帝選擇來擊敗強權。「自由意志」是這些早

32、G．M．，四十四頁。
33、同前，四十五頁，四十六頁。
34、同33。

期的虛弱人兒的必要信仰和工具，就像它是所有馴服動物——人——的人的信仰和工具。

我們現在正要開始認知到：對尼采而言，基督教是所有奴隸價值的具體化。他在基督教的所有原則中，看到了對無能、病弱、受壓迫者的保護、庇護、力量之提供。

但是，尼采在這樣把基督教歸類為基於奴隸價值的宗教時，再度揭露那個相當為人爭論的問題，也就是吉朋（Gibbon）在《羅馬帝國衰亡史》有名的第十五章中所強烈貶抑的問題——早期的基督徒是否卑低又無知？如果能夠證明是如此，那麼尼采有關基督教的爭論點，雖然並不僅僅取決於這個證據，卻至少可以部分證明為正確。

很不幸，雖然這個問題無疑深具趣味性，但卻要討論到很多作者的作品，所以就算只要賦予它一點正當性，還是需要比所有這四篇演講論文加在一起更大的篇幅。一旦我們記住這一點，並且也記得，如要解決問題，就需要對西元一、二世紀有深刻的瞭解，而縱使如此，還是有一層不確定的「烏雲籠罩」第一世紀的教會，隱藏那些對於這個爭論點極為重要的事實；如果我們記得這些，則我們就會知道，研究者的任務不僅絕非容易，並且也會讓人感到特別和必然的失望，因為不同的權威在建立他們自己的特別信念的過程中，會自由地彼此辯駁。我現在並不會宣稱已經充分研究這件事，也不會聲稱已經瞭解古代的歷史，說我有理由以專斷的方式反對或贊成尼采的爭論。因此，我現在就任由一些英國、德國和法國權威來做決定，因為我認為他們已經很認眞地探究了一些爭論點。

在陳述了些微研究的結果之後，我的目標並不是要確定尼采的爭論，而是要讓你們知道，就算他在進行這種爭論時犯了錯，至少他是與良好的同伴一起犯了錯。

因此，首先讓我立刻指出，尼采有關「基督教的價值是奴隸、頹廢或情意道德的價值」的爭論，其來自各方面的證據是極為強有力的。

儘管如此，我還是不想在這兒以盡可能強有力的贊同方式提出他的論點，因為我們似乎沒有必要把這種美妙的重要性加諸其上，並且也基於我以後會提供的一些理由。無論如何，一些知名權威人物的態度也許會很有趣，我們的要務是訴諸這些權威人物。

我們要記住，第二世紀羅馬的文人和高級社會人士並不瞭解基督教，或者瞭解非常有限，儘管有塔希特斯（Tacitus）、蘇托紐斯（Suetonius）、朱文那（Juvenal）年輕的普利尼（Pliny）、普魯塔克、盧希安（Lucian）、哈德里安（Hadrian）和瑪珂斯．奧瑞留斯，我們在這方面的資訊還是相對稀少，除了年輕的普利尼的有名信件，也並不很重要。如果我們訴諸現代研究的結果，則會發現很多人認眞地努力要解決我們的問題。

首先以吉朋爲例。有多少讀過他的《羅馬帝國衰亡史》第十五章的人，發現任何理由去懷疑他對這個問題的眞正態度呢？在他的反諷語氣的背後，我們確實讀到了厭惡之情，而他的輕蔑使得我們在驚奇中躊躇，因爲他開始時是意在進行「一種率直但理性的探究。」吉朋以某種口氣寫作，而伯利（Bury）先生指出，如果吉朋在我們的時代寫作，他的口氣就會迫於環境而改變，因爲在我們的時代，「受教育的人之中廣泛地散布著一種不很強烈的懷疑心理……似乎使得討人厭的戰爭變得不必要。」[35]但撇開吉朋這種寫作的口氣不談，有任何人會認爲，他對於這個單一問題——早期基督徒的地位被認爲很低——的態度會改變嗎？我們將會瞭解到，其他作家的意見，甚至伯利先生本人的意見，並不足以讓我們這樣認爲。因此，就算我們盡可能充分考慮到吉朋寫作時代的特別影響力和缺陷，我們仍然不能完全忽略像他這樣一位歷史家的某些段落對尼采的爭論點所具有的價值。在這些段落中，他提到「卑低與沒沒無名的基督跟從者」，[36]或者「新宗派的懦弱觀點」[37]，也在這些段落中說明早期的基督徒很樂於相信未來或以前的世界，而所用的語詞很類似尼采的語詞。[38]

如果我們去閱讀墨利華爾（Merivale）的作品，就一定會看出，他很勇敢地努力要提升原始基督教的地位，但他能夠爲他們所做的最大努力，只是把他們提升到某種「中產階級」的地位，[39]且他只是非常曖昧地描述這種中產階級。

赫曼·席勒（Herman Schiller）在寫作中回顧西元一一七年以前的時代，相

35、吉朋的《羅馬帝國衰亡史》（墨修出版公司，一八九六年）第一卷的引言。

36、《羅馬帝國衰亡史》（墨修出版社，一八九六年），第二卷，八十一頁，八十二頁。也請參閱米爾曼（Milman）著《基督教史》，第一卷，四一九頁及第二卷，一五六頁。

37、同前，三十九頁。

38、同前，二十三頁，五十六頁，六十八頁。

39、《帝國統治下的羅馬人史》。

當支持尼采的爭論點。他說，有人認爲，羅馬社會較高和較有教養的成員很看重基督教，但這種說法所依賴的證據仍然極爲不可信，甚至「與王室有關係的男女們信奉基督教」的說法，也可能沒有獲得證明，就像「基督徒藉由羅馬皇帝杜米仙迫害基督徒」的說法，也一樣可能沒有獲得證明。「但是，」他繼續說，「縱使我們可以明確證明，較高階級的成員確實信仰這種新宗教，但這個事實也沒有很大的價值，因爲這只能證實是孤立和特別的個案。」[40]然後他繼續探討其他證據，但我無法在這兒討論，雖然完全吻合尼采的觀點。

杜魯伊（Duruy）提供壓倒性的事實，支援尼采的說法。他談到摩西的上帝——一個特權種族的無情又善妒的主人，被耶穌轉變成窮苦和痛苦的人的普遍上帝。[41]他也把羅馬的早期基督徒描寫爲「窮人之中改變信仰的人，」[42]描寫爲「生活在陋室中」的人。[43]他說，他們的衣服主要是破衣，[44]他們的教派爲人所輕視，因此，較高的階級大都對他們很冷漠，[45]而基督教是在哲學家所無法接觸的下層人民之中傳播。[46]

他回歸西元一八〇年之前的時代，說道：「有很長的時間，這種信仰只在最低階層的人之中傳播，讓所有可憐的人感到安慰，也爲他們帶來基督和聖保羅一開始就傳授的慈善美德。這種信仰譴責財富，因爲財富是『不公的結果或不義的繼承。』這種信仰對窮人和受苦的人表示愛，認爲這種愛是救贖塵世生活的方法……『上帝面前人人平等』的福音，或者曾被侮辱、嘲笑、鞭笞，最後像奴隸一樣釘上十字架的『永恆之子』對於靈魂的救贖——這些對於被剝奪人權的人而言是多麼美妙啊。基督的受難對他們而言，只是他們自己歷史中的一頁，而『好消息』似乎是更特別針對渺小和低下的人。」[47]

40、《羅馬帝國時期的歷史》，第一卷，第二部分，五七七頁，五七八頁。
41、《羅馬人史》，第三卷，五五九頁。
42、同前，第四卷，五〇四頁。
43、同42。
44、《羅馬人史》，第五卷，二二三頁。
45、同前，第四卷，五〇六頁。
46、同45，五一二頁。
47、同44，第五卷，七七八頁，七七九頁。

杜魯伊的作品中還有其他段落，可以被引用來進一步支持尼采，但這兒沒有篇幅引用所有的段落，只好談談他的作品中，女人與基督教的關係。

赫茲伯格（Hertzberg）博士在《羅馬帝國時期的歷史》中，使用了跟席勒和杜魯伊很相同的語詞，[48]而雷奇（Lecky）、伯利、史特華·瓊斯（Stewart Jones）和林賽（Lindsay）教授，各自和已提過的人多多少少極爲一致的觀點提到有趣的事情。但是，我只會在討論的過程中才引用它們。

大部分的作者也似乎在跟這個爭論點有關的另一個問題上意見一致，那就是，女人對於早期教會的態度。事實上，從所有的敘述來看，女人似乎偏愛基督教，這個因素的重要性再怎麼高估也不爲過。伯利先生說：「基督教重視溫柔的感情，特別適合爲女人和孩童所瞭解和接納，因爲根據亞里斯多德的說法，他們是熱情的動物，跟只能藉由理性生活的男人相反。」[49]

「基督教，」杜魯伊說，「總是對女人特別溫柔。這是很合理的，因爲女人仍然是基督教最有力的支持者。她們豐富的想像力、脆弱的本性，在配偶和母親的身分中更加潔淨無瑕，所以她們被一種掌握慈善與愛的信仰所吸引……女人基於神經質的體質，容易處於高貴的心靈狀態中。很多女人表現得認命，這些女人都有靈視或預言能力。」[50]

赫茲伯格也提出同樣的看法，而雷奇則說道：「基督教教師早期出名的是，他們以無與倫比的技巧彈奏女人內心的和弦。某一個善於引誘女人的較晚期教宗擁有一個生動的頭銜，『挑動女人耳朵的男人』，很可以適用在宗教迫害時代的很多教宗身上。[51]

就對女人的影響而言，基督教的社會層面也是不能忽視的。赫茲伯格說，這個層面大大提升了她們的社會地位，因此很自然地獲得女人特別的支持。

可是，有關這個主題的討論，事實上是沒有什麼用途的。縱使可以從另一方取得壓倒性的證據，徹底證明貴族和有文化的人至少構成了原始教會的相當部分——譬如說在羅馬——但這畢竟有什麼重要性呢？

48、《羅馬帝國時期的歷史》，第一卷，四五四頁，四五五頁，四五六頁。
49、《後期羅馬帝國史》，J．B．，伯利著，第一卷，十八頁。
50、《羅馬人史》，第六卷，一一九頁。
51、《歐洲道德史》，第一卷，四一八頁。

我們知道，頹廢哲學甚至在共和國還沒衰亡之前，就被卡尼亞德（Carneades）引介進義大利，很快就導致那個時代的強烈自由氣氛轉變成帝國的單調奴役狀態。[52]

在終於引起彭丟斯．彼拉多（譯注：爲耶穌執行死刑的人）說出那句有名的「眞理是什麼」的「人之子」還沒有誕生之前，懷疑主義和享樂主義早就有其信徒了。在這句「眞理是什麼？」的反駁中，我們能夠瞭解到：拿撒勒的耶穌在宣揚祂的福音時，一段有教養的羅馬人具有憤世嫉俗的態度。

難道我們要將早期帝國的羅馬菁英分子跟凱撒所源自的傑出貴族加以比較嗎？縱使我們承認杜魯伊和米爾曼在他們對於君士坦丁宮廷的各自評論中所描述的「被貶抑的貴族是教會的信仰者」，但是，這樣一個事實畢竟又證明什麼呢？難道我們要認爲，這就提升了基督教價值的地位嗎？

我們知道，「這個世界沒有基督教已經變得黑暗了，要是世界沒有變得黑暗，基督教就幾乎不可能實現——它就不會有很大的意義。它迎合了當時世人的需求……」[53]我們知道，「基督教渴求一種性格類型，而鼓動它的那些希望和動機，完全不符合羅馬藉以獲得勝利，以及藉以避免滅亡的堂皇好戰熱誠。」[54]

「基督教提升了男人本性中那非羅馬的女性面，這一面天生喜愛享樂，避開痛苦，（尤其是）感受強烈的同情——事實上這就是享樂主義的一面。」[55]

簡單地說，我們知道，基督教是頹廢的（就「頹廢」一詞爲人所接受的意義而言），並且訴諸頹廢的人。幾乎所有的歷史家都一致把羅馬世界的衰亡部分歸因於基督教的影響力。從已在這篇演講論文前面敘述的部分，我們知道，或者我們已經瞭解，尼采並不去區分奴隸類型和頹廢類型的人。因此，早期的教會是由奴隸還是貴族構成，並不重要，因爲除了鄉下人的湧入、自由人與比更優越的人的通婚，以及因此造成的種族混雜，一定使得貴族變得墮落之外，我們更進一步知道，甚至羅馬那些抱負極高的人的理想和希望，在紀元第二、三世紀也變得越來越墮落。

52、請參閱普利森色（Pressense）著《教會的三個最重要世紀的歷史》，第一卷，二二八頁。

53、《後期羅馬帝國史》，第一卷，四頁。

54、《歐洲道德史》，第一卷，四一三頁。

55、《後期羅馬帝國史》，第一卷，八頁。

基督教就在這種墮落社會的中心紮下最堅實的根。高貴的價值式微，那些採行其他較卑低價值的人數目勢不可擋，抑制了高貴的價值。這是心靈卑下的人的勝利。這是頹廢、生病以及一般而言令人難以忍受的人的「權力意志」。

如果這全是誇張、中傷以及大話，那麼，我們如何說明以下這個事實：「（羅馬）帝國中的基督教所導致的最早期結果之一是，頒布法律保護脆弱和無助的人。」[56]我們又如何能說明以下的情況：「奴隸的狀況也因基督教的新精神而獲得大大改良，[57]而這種基督教的新精神當時正在社會中運作，」[58]還有，「基督教在社會道德方面所造成的寧靜革命，尤其可以追溯到：建房子容納異鄉人、建救濟院容納窮人、建醫院和孤兒院容納病人和被遺棄的人。」[59]

這些人會擁有權力，他們會像高級、健康以及快樂的人一樣繁衍種族，存活下去。他們怎麼能夠做得到呢？他們怎麼能夠使得那些有力量的人，那些相信健康和健全生活的人，允許他們做得到？

一切都對他們不利，甚至就大自然的律則而言，他們也似乎應該消失不見。他們做了什麼呢？危險有利於狡猾的表現。我們已經知道他們做了什麼。他們做了最精明的努力，把一切都變得很混亂。他們是最先進行「重估所有價值」的人。如果我們跟聖茲伯利教授一樣談到「混亂化」，那麼他們是最先混亂化的人。但我們比較喜歡赫伯特·史賓塞的措詞：「思想和見解的倒置。」

我們最好不要忽視史賓塞的作品中的一個段落，因爲他在這個段落中認爲有理由使用以下這個讓人想起尼采自己的措詞的措詞：「顛倒的世界」。這個措詞讓我們更加明白我們的主題，尤其是，它讓我們看出，史賓塞本人幾乎發現了兩種道德——奴隸道德與主人道德，只不過就最接近的程度而言，他只是談到了「對自由競爭的抑制」。

他在倫理學的第二卷中說：「在同樣職業中彼此競爭的人之中，一定有些人比較有能力，更多的人較沒有能力。在非常公正的情況下，比較有能力的人有理由充分利用自己較大的能力。除了維持自己的生活之外，也必須維持他們家人的

56、T·M·，林賽（Lindsay）教授在《大英百科全書》中的文章〈基督教〉（第九版），第六九七頁。

57、普利森色《教會的三個最重要世紀的歷史》，第二卷，二七四——二七七頁。

58、林賽教授《大英百科全書》。

59、同前。

生活。如能應付進一步的要求，又有法令規定要達到非常公正的地步，他們就會很滿足。通常而言，他們釋放出最大的力量，會使社會立刻受益，而社會以有效的方式培育最佳的成員及後代，也會在未來受益。

「在這種主要是勞動工人構成的社會群體所呈現的情況下，正義幾乎不必涉及慈善。在我們這個時代，有許多工人確實否定這種觀點，肯定相反的觀點。在工會會員和重要的社會主義者之中，就像在士兵之中，現今存在著一種想法，並且在表達這種想法時，透露出對任何其他想法的憤怒拒斥，那就是，個人沒有權利讓他的工人同事遭受到任何競爭壓力，如此造成工人同事的不便。如果一個人論件工作，工資較低，但藉由長久持續的勤勞，能夠賺到原來工資的幾乎兩倍，他就會被斥爲『不道德』！其實，人們都會認爲，他沒有權利利用自己優秀的力量和較大的精力，縱使他有一個大家庭，責任迫使他這樣做，又想把孩子教養好。我們之中那些『高級的人』已經完全翻轉了古老的責任和價值觀念。」

史賓塞可能在這兒看出一個例子：較沒有能力的人的「權力意志」，藉由一種評估而勝過較有能力的人。這種評估是什麼呢？嗯，就是「對於較沒有能力的人而言，凡是較有能力的人都是『惡』」；因此，他們稱呼較有能力的人「不道德」！如果較有能力的人接受這種評估——他們時常必須接受，因爲他們的人數不如較沒有能力的人——那麼，他們的較大能力就會被抑制，不再成爲促進人類發展的因素。「思想和見解的翻轉」，這是下級或奴隸道德如要獲勝必須先完成的事；如果沒有能力的人、心靈貧乏的人，想要讓跟他們同種的人達到最高境地，這就是他們的權宜措施。

凡是他們能想像到的方法、手段、策略，他們都加以使用，以達成他們秘密的目的。不僅強有力、健康和有權力的人必須爲自己的這種情況感到羞愧，並且他們之中那些快樂的人也必須知道：快樂幾乎是一種罪。他們必須知道：「可憐的狀態是上帝所挑選和區分的，而最被喜歡的狗會遭到鞭打；虛弱、受壓迫和生病的人的痛苦，也許也是一種準備、一種考驗、一種教育，也許甚至在時間到來時會得到回報，帶來無限的利息，不！——帶來快樂。他們把這稱爲快樂。」

「上帝懲罰祂所愛的人，」《希伯萊書》[60]的作者說。「我愛多少人，就譴責

60、G．M．，四十八頁。

和懲罰多少人。」這是可以在「啓示錄」中發現的見解。

他們就這樣裝扮他們的那種不可避免的可憐狀態，希望藉由這種裝扮來發揮力量。這些無精打采的人在生命中受苦，就像在壓倒性的重擔中受苦；他們會做什麼事呢？他們會假定一個來世，在那兒，只有他們的物種會達到榮譽、快樂等狀態，在那兒，卑低的人會變得有力量，窮人會躺在舒適和得意的自在狀態中，而他們的敵人——富人——將在永恆的痛苦中扭動著。「駱駝穿過針眼，比富人進入上帝的王國還容易。」這是他們的家常見解之一。「這些人發明地獄，這樣他們就可能享有一個塵世天堂。」[61]他們發明「美麗的靈魂」的概念，這樣他們就可能至少在「塵世這兒」擁有什麼美麗的東西。[62]他們的無能加重了他們對力量的渴望，他們不會輕易停止對任何事的嘗試，不，甚至不會停止嘗試著去獨占塵世的美德，[63]以便達到他們的目的。

「上帝已選擇了世界上的愚蠢東西來擊敗聰明的人；上帝已經選擇世上脆弱的東西來擊敗強有力的東西。」

「而上帝已選擇世界上卑下的東西，以及被人輕視的東西，還有不存在的東西，來摧毀存在的東西。」

那些會誇耀最小的「一丁點心理學」的人，現在難道不是很清楚：這些想法是源自什麼樣的心智？或者爲了什麼樣的心智而表達？這個問題有需要追究答案嗎？

「我們不能裝飾或打扮基督教，基督教已經對較高類型的人進行一種致命的戰爭，它已經禁止了這種類型的人的所有本能，它已經從這些本能中萃取了惡——強有力的人是典型的惡棍，是『被逐出的人』。基督教已扮演了弱者、低下者、不健全者的角色，它把『敵視強有力生命的生存本能』視爲一種理想，它已經毀了具最強有力知性的人的理想，因爲它教人要把最高的知性價值視爲有罪、有誤導作用、是一種誘惑。」[64]

我們現在清楚看出，尼采想要極力反對的，並不是基督教的希望、些微的安

61、Z．，〈恢復健康中的病人〉。
62、請參閱G．M．，第一六六頁。
63、G．M．，第一六五頁。
64、C．W．，第二四四頁。

慰或傳說。赫胥黎教授對基督教所做的攻擊的本質，在尼采看來是無效的，就像他在別的地方所宣稱的：「它所有的傳說和形而上信念，可能比原來的不可信一千倍，我並不想說什麼。但我認爲具很大危險性的部分——基督教理想——是做爲這一切基礎的那種道德——道德之酸。」

基督教價值屬於他區分之爲奴隸道德的那種類型，代表下降的生命方向。尼采宣稱，由於這種價值，人一定會墮落。尼采認爲這種價值會妨礙生命的競賽中那種優良類型的人類，這種價值會使得世界中優良和不優良的人的機會變得相同。當尼采指出這是錯誤的時，他是跟赫伯特．史賓塞一樣的，因爲史賓塞說：「如果一個社會採行『地位較低或較高對你而言都一樣好』爲準則，那麼，這個社會就必然會在長久的痛苦中墮落、消失。」[65]在這兒，尼采和史賓塞之間唯一的爭議點在於「較低」和「較高」兩詞的意義。

我們所沒有擺脫掉的，正是基督教道德和基督教理想。雖然我們可能拒斥所有宗教觀點，但是那種涉及同情和耐心容忍的宗教卻仍然會支配我們內心最深處。

我們只要看看四周，就會相信我們允許太多的人像寄生蟲一樣在我們之中生存，允許太多沒有權利繁衍的人進行繁衍，殘忍地讓太多的人活著，成爲痛苦的見證，卻只是讓正在出現的一代感到消沉和難受。「只要兩性身心在任何明顯的程度上都很低劣，就不應該結婚，」達爾文說；「但是，」他失望地補充說，「這種希望是烏托邦的理想。」[66]

「生病的人是人類的大危險：不是惡，不是『掠奪性動物』。天生畸形、衰弱、受損的人，那些最脆弱的人，是人類之中最會暗中破壞生命的人，他們會以最危險的方式傷害和懷疑我們對生命、人類和我們自己的信心。」[67]

而我們卻維持和資助這些人，加上我們的基督教道德，傷害到所有成功、健全和有希望的人，傷害到所有能夠保證我們種族的未來的東西。這是生病的人和健全的人之間的戰爭。生病的人把「同情」提升到美德中最高的地位，而健全的

65、《倫理學原理》，第二卷，二八一頁；也請參閱《生物學原理》，第二卷，五三二、五三三頁。

66、《人的世系》第二版，第二卷，四八三頁。

67、G．M．，一六四頁。

人允許自己受騙，因爲美德有誘惑力，會伴隨著來世的大獎賞。

今日在你們之中有誰眼睛足夠明亮，能夠說出是哪一個階級——生病的階級還是健全的階級——正要獲勝？尼采問你們，允許這種情況持續下去，難道是你們的品味？難道你們要扮演重要角色，促成生病的人去征服健全的人？難道那種傾向於藉由基督教價值去生存的人符合你們的人類理想，符合你們對人格的品味？

同情的價值以及同情的道德是尼采所要解決的嚴肅問題。難道我們要緊抓住這種道德不放？其實這種道德是被強加在我們身上的，強加時很有技巧，手法很狡猾，又刻意虛飾一番，所以把美德、價值和最高的希望據爲己有。這種道德經過檢視後證明其本源絕對是卑低的。

難道我們沒有在這種今日道德中看到它試圖阻礙權力，爲所有強有力、健康、快樂的事物添加一種邪惡的氣息？因此，難道我們沒有看到那種特性相反——依賴、卑賤、無能、病弱以及謙遜——的人在倍增？這些特性所造成的結果，已經在我們想要注意看的任何地方以百萬計而不是以千計的數目顯示出來。

「人是超病弱的動物，」並且他會在象徵現代歐洲的超塵世美德和理想的強迫之下變得更加病弱。

「人類的病弱越正常化——而我們不能否認這種正常化——則很少數身心有能力的人，也就是幸運的人，就會受到越高度的尊敬，並且那些健全的人也會受到越嚴格的護衛，免於那種最惡劣的空氣、病房的空氣的傷害。這種事完成了嗎？……總括來說，減少人的恐懼並不是有利的，因爲這種恐懼反而會迫使強的人變強，不，有可能甚至變得很可怕。恐懼會保存健全類型的人。眞正會讓人恐懼的東西，那種證明是超致命的東西，並不是強烈的恐懼，而是人類的過度表現……只要一個人不僅用鼻子嗅，也用眼睛和耳朵嗅，就會在他今日所到的幾乎任何地方感覺到瘋狂和病房的空氣。」[68]

那種高貴、健康、有支配性的道德價值已經被窒息，幾乎爲人遺忘。快樂和健康的人實際上已學會說：「快樂是可恥的！痛苦太多了！」[69]

68、G．M．，一六三頁，一六四頁。尼采在這兒以插句的方式補充說：「（很公平地說，我在這我兒是談到人類文明的領域—現今存在於世界的每一種歐洲）。」

69、G．M．，一六七頁。

尼采對有些人的這種荒謬屈服表示抗議，因爲這些人本來有權利讓同類的人變得普遍化，而繁衍這種類型的人也是對人類的一種福祉……「最大和最致命的誤解，」他說，「在於身心快樂、健全、有力的人開始懷疑他們自己的快樂權利。這個顚倒的世界混開吧！」他叫出來。「這種可恥的多愁善感混開吧！這樣病弱的人才不會讓健全的人變得病弱——而這種多愁善感的意義就是讓健全的人變得病弱——這確實應該是對這個世界的最重要觀點。」[70]

尼采不要讓較高貴的人成爲較卑低人的工具。他嫌惡這種想法，這不是他的品味。他認爲快樂和健全的人的生存權利、出現在這個世界上的權利，勝過可憐和病弱的人的權利一千倍，因爲繁衍有價值和有希望的人的任務，只交付在快樂的人身上：只有他們對人類的明天和後天有責任。「他們將做他們能夠做的事，讓病弱的人永遠不能做，也不應該做！」[71]

他要把這種對基督教價值的詛咒寫在所有的牆上。他說，他有方法甚至可以讓瞎眼的人看得見。[72]在他看來，基督教正在矮化人類、使他們變得畸形、身心都墮落。藉此而生存的那種類型的人與他的品味相牴觸。他希望這種類型的人跟**我們**的品味相牴觸。他說，他的警告剛好在關鍵的時刻提出。「土壤仍然足夠肥沃，可以達到這個目的。但是有一天土壤會變得貧瘠，再也不會長出高樹。」73

「有時候，」尼采說，「我會有一種比無望的憂鬱更無望的感覺——對人類的輕視。我很確定自己輕視什麼、輕視誰——我對今日的人類存有致命的輕視。今日的人類——他們污穢的呼吸讓我窒息。對於過去的事物，我就像所有知覺到強烈寬容心的人，即知覺到強烈自我克服力量的人。我帶著陰鬱的慎重心情穿過無數個千年的瘋人院世界（可以稱之爲『基督教』、『基督教信仰』、『基督教教會』）——我注意不讓人類爲他們的瘋狂負責。但我感覺會忽然改變，一進入現代時期、我們的**時期**，我的感覺就爆發了。我們的時代知道……在從前只是不健康，現在已經變得不體面了——成爲基督教徒是不體面的！」74

70、同前。
71、G．M．，一六八頁。
72、C．W．，三五四頁。
73、Z．，〈序言〉，第五節。
74、C．W．，二九五頁。

除非我們以偏見的心情接近尼采，除非我們以浮面的方式閱讀他，沒有一直注意他的目標，否則我們一定會體認到，在對基督教的所有這種敵對態度的背後，還有很多成分，不只是派系鬥爭者的尖酸或打倒偶像者的破壞欲望。赫胥黎徹底攻擊基督教，透露尖酸的心情，但是你們之中讀過他的《科學與基督教傳統》的人，不僅會記得，他宣稱自己只針對眞理，並且也會記得，他的攻擊方法十分不同於你們剛聽過的那種方法。

尼采在人類之中看到莊嚴和無盡的可能性，他認爲，人類的過去可以保證讓我們對人類的未來有偉大的期望，而他就在這種保證之上建立了他的「超人」希望。他攻擊基督教價值，因爲他認爲，基督教價值與人類的較高發展有所牴觸。他不可能與教會針對「加太拉豬」的故事進行無用的論辯。我們知道，他對基督教價值的攻擊有較高尙和較實際的目的。他會看出人類在世界上有一個理想。他會把人類的眼光往下導引，提供人類一個實際的希望和目標。

「我的兄弟們，你們的美德具有力量，要對這個世界有信心！讓你們所提供的愛和你們的知識增進世界的意義！我這樣請求和懇求你們。」

「不要讓你們的美德飛離現世，不要讓它的翅膀撞擊永恆的牆！啊呀，有那麼多的美德已經在飛行中迷路了！」

「像我一樣把迷路的美德引回世上——是的，引回身體與生命之中，這樣它才可能將其意義——一種人類的意義提供給這世界！」[75]

「寫詩的人和爲神祇所迷的人之中，總是有很多病弱的人；他們強烈地憎恨那些從事研究和採行『誠實』這種最年輕的美德的人。」

「他們向後凝視進黑暗的時代之中，然後，幻象和信仰當然就變成別的東西了。理智陷入沉醉狀態就像上帝了，而懷疑就是罪了。」

「我太清楚這些像神祇一樣的人了；他們希望被人信仰，希望懷疑成爲罪。」[76]

就像我在上一篇演講論文中所告訴你們的，尼采並不是偏愛打倒偶像。並沒有尖酸的情緒或空洞的憎意指引他去詛咒他的父母和祖先的教會。他太清楚基督

75、Z.，〈施予的美德〉，第二節。

76、Z.〈以前世界的人〉。

教對於信奉它的數以百萬計的人具有什麼意義。所以他不會表現輕浮的態度或甚至憎惡的心理去根除它。他打破他的祖先和當代人的偶像，因爲他希望提供當代人一種理想，這種理想更值得他們繼承，更是他們未竭盡的力量所及，尤其是更具塵世與實際的成分。

「如果一個人要成爲善與惡的創造者，」他說，「那麼他確實必須先成爲破壞者，把價值粉碎。」77

在我上一次的演講中，我爲你們描述尼采的理想。現在這篇演講的目的是要讓你們知道，他如何努力要爲這個理想清理場地。下一篇演講的重點是：考慮他如何想要在自己所破壞的土地上建立自己的理想。

他像一位先知一樣站在人類的十字路口，他所說的時間是人類的偉大「鼎盛日子」。

「世界的現在和過去——啊呀！我的朋友們——這些是我認爲最不能忍受的。如果我無法預知一定會發生什麼事，那麼我就不知道如何生活。」

「一位先知、一位自願的先知、一位創造者、一個眞正的未來，以及一座通向未來的橋——啊呀！又好像是那座橋上的一個殘廢者。所有的這一切就是查拉圖斯特拉。」[78]

我再怎麼提醒你們也不爲過：他說他自己只是「較佳演奏者的序曲」，他很強調地告訴我們說，除了他的路之外，還有別的路，他寧願我們發現我們自己的路——就算不是他的路——也不要我們完全沒有路，也不要我們表現得冷漠、頹廢或成爲基督徒。

「他們渴望地發出很大的叫聲，把他們的羊群趕過木橋，好像只有單單一座通向未來的橋！眞的。那些牧羊人也是羊！」

「這些牧羊人有著不足取的智力和總括性的靈魂，但是我的兄弟們啊，甚至最總括性的靈魂到目前爲止也是多麼微小啊！」[79]

這就是我對尼采詛咒基督教所做的結論。從事破壞的工作——甚至宣布破壞

77、Z：，〈自我征服〉。
78、Z：，〈拯救〉。
79、Z：，〈祭司〉。

者——總是一種不愉快的工作。有一個更不愉快的工作等著我，那就是把他的道德哲學的建設性一面告訴你們。

在「生命」的鼎盛期，他說，他來了；在鼎盛期之前，我們沒有負責任，他說，他以寬容的態度看待我們的過去。但現在**我們知道了**。現在，如果我們昧於我們前面的事情，那是很不體面的。我們位於致命的十字路口。這個詩人哲學家認為，他所提供我們的理想，實際上是我們的力量和我們未竭盡的力量所能及的。他這樣認為難道太高估了我們嗎？我們給他的答案難道會是：我們不覺得有能力跟從他的領導？

「哦，我上方的天空！」他唱道。「你很純潔，你很高！其中包含你給我的純潔，沒有永恆的理性蜘蛛和蜘蛛的理性之網——

「對我而言，你是為神祇似的機會所準備的跳舞場，對我而言，你是為神祇似的骰子和擲骰子的人所準備的神祇似桌子！」

「但是你臉紅嗎？我說了不能說的事情嗎？難道我在想要祝福你時惡言相向？」

「哦。我上方的天空。你很羞怯！你臉頰發熱！哦，你是我日升前的快樂！白日來臨了！因此現在讓我們分離吧！」[80]

80、Z.，〈日升之前〉。

04 尼采：道德家[1]

在這最後一篇的演講論文中，我將試圖蒐集尼采學說的所有線索，並尋找出他的所有暗示、無數且顯然無關聯的矛盾語，以及他的無數豐富暗諷，所必然指點我們的那個要點。我希望我可以準確地證明人們在爭論他的作品時所提出見解的相反一面。我也希望能夠告訴你們，他的哲學畢竟是一種有系統的整體；儘管有人信奉表列的準則和以精確方式所調節的思想，可能提出相反的說法，但是我們在他的學說中看到了一種一體成形的東西，一種清晰和明確的形體，從一塊完整的石頭中劈開來，然而其輪廓卻很微妙地描繪出來，很巧妙地策劃出來，所以它就像羅丹所雕刻的美妙巴爾扎克雕像，我們的心智可能無法捕捉它，我們最初也許會認爲它沒有眞正的形態、沒有清晰的明確度，也許沒有實質的東西。

我們習慣讓別人來爲我們完成大部分的心智思考，在我們所生活的時代裡，甚至思考也在迅速變成一種專長，同時我們又習慣在研究一位哲學家時，從他的「第一原則」開始，一路讀到他那多多少少易懂的階段，一直到我們來到他樂於稱之爲他的第二十或第一百或「最後原則」，所以人們公認，如果是一位像以下這樣的人，就一定會讓我們感到困惑：他能夠把最後思想先告訴我們，然後靠著他的經驗把我們急急忙忙推下山，以致我們到達他的深處的底端時感到頭暈目眩，筋疲力盡，時常傷口累累。但是，畢竟誰會指定用什麼方法呢？我們買禮物給一個人，難道要聽他告訴我們應該如何買禮物、買什麼禮物，以及如何送禮物、何時送禮物？難道我們會認爲，我們必須把我們的形式確實變成**他們的形式**？當我們面對尼采時，我們必須記得，我們是面對一個過度慷慨的給與者。

就因爲我們時常無法領會他的思考方向，所以我們就要否認他是以直線的方式思考嗎？如果我們否認他是以直線方式思考，那麼，難道我們不是要讓他爲自己也許沒有犯的錯負責嗎？在我們還未匆促宣稱我們這位作家尼采的哲學雜亂無

1、一九〇八年十二月九日發表於倫敦大學。

體系之前，我認爲這些都是大可以提出來的問題。

就這個意義而言，我們是被寵壞的孩子，但就「寵壞」這個語詞的兩個通義而言，被寵壞的孩子通常是如此。尼采的哲學爲人所接受的情況，無疑很強烈地顯示出，從前的哲學家完全把我們寵壞了。

由於尼采完全拒絕把我們看成小孩，由於他對我們講話的樣子，就像對有智力的朋友和同等的人講話，不像對一般男學童講話，所以，我們就會說他沒有帶給我們體系。我們甚至可能像聖茲伯利教授一樣說，在尼采寫了第三本或第四本作品後，可能變得心智不健全。然而，在我們以太自信的姿態強調這些意見之前，還是讓我們有所躊躇。以前也有人對偉大思想家提出這樣的意見。當羅丹所雕刻的巴爾扎克像第一次在「波克斯藝術沙龍」展出時，必須有人保護它，免於被嘲諷和哄笑的群衆破壞，然而現今那些能夠就此事提出任何見解的人，卻承認它是羅丹最崇高的創作之一。這件事難道我們所有的人都知道？就算我們不知道此事，但我們卻確實知道，我們可能引用多少同樣的例子。

尼采對他的弟子們說：

「你們說你們相信查拉圖斯特拉？但是，查拉圖斯特拉有什麼價值呢？你們是對我忠實的人，但所有忠實的人有什麼價值呢？」

「當你們還沒有尋找到自己時，你們發現了我。所有忠實的人都這樣，因此，所有的信仰都沒有什麼價值。」

「現在，我要你們失去我，找到你們自己；除非你們全都已經與我斷絕關係，否則我將不回到你們之中。」[2]

這是一種忠告，有利於獨立的心智訓練。如果一個導師把自己的教導看得比學生的智力還高，就不會以這種方式講話。因此，難道我們會認爲，同樣這位導師在對他自認與之同等的人講話時，會把事情變得很容易懂，如此侮辱了他們？

當我們研究尼采的哲學時，我們必須準備要成爲獨立的思想家。事實上，他的哲學的最大優點也許是：他以微妙的方式強迫我們要獨自思考、自己揮捧得分、以聰明的方式自己想辦法。

「我是沿河而築的欄杆，能夠抓住我的人，就可能抓住我，然而我並不是你

2、Z.，〈施予的美德〉，第三節。

們的拐杖。」[3]

一般的哲學家製造弟子，然後奴役他們。有誰不曾有一段時間受奴役於康德的「定然律令」、米爾的「功利主義」、史賓塞的「管理的虛無主義」、達爾文的「爲存在而掙扎」？當尼采鼓勵一個人要誠實、勇敢地爲自己思考時，他感覺比讓這個人成爲信仰他的人更驕傲。

「哦，我的兄弟們，你們有勇氣嗎？你們毫無畏懼嗎？我不是指面對證人時的勇氣，而是甚至上帝也不再看一眼的隱士和老鷹的勇氣。」

我不會說冷漠的人、騾、盲人、喝醉酒的人是毫無畏懼的。有勇氣的人會恐懼，但他會**壓制**恐懼，他會看到深淵，但卻帶著自傲的心情，他會看到深淵，但卻以鷹的眼睛看到，他會以鷹的爪抓住深淵；他有勇氣。」[4]

「如果你想增高，請用你自己的腿！不要讓人把你往上帶，不要坐在陌生人的背上和頭上！」[5]

我們越接近尼采的學說的中心，就越會眞心相信，他是一個在曠野中走在我們身邊的朋友，暗示、訓誡、逗弄我們，而不是一個牧羊人在尋找一群羊，好讓他引導、強迫、牠們進入羊欄。

事實上，這是做爲尼采主義的基礎的那種考驗。如果我們是羊群的一部分，我們自然會在四周嗅著，尋找我們的羊欄、我們的規則與準則、我們的限制性條件。我們已經學會喜愛這些東西，在找不到它們時，我們會大聲叫出來：「看啊，領導者沒有體系！他只是一個經驗不足的人，不該帶領羊群！」不，眞的，尼采不該帶領羊群，這是眞的。他確實心智不正常，不適合帶領羊群，但說句公道話，他也不曾宣稱自己心智正常。

無論這種陳述聽起來可能多麼令人難以相信，但無論如何，尼采的哲學確實構成一種經常是有組織的整體。甚至我在這幾篇演講中不得不採用的進程，也足

3、Z：，〈臉色蒼白的罪犯〉。
4、Z：，〈較高尚的人〉，第四節。
5、同前，第十節。

夠證明這一點。在把他對現代道德的分析提供給你們後，我不得不描述他的理想人類，讓你們可以即刻辯明他的激進批評。在第三篇的演講中，他對基督教價值的譴責只是現在這篇演講的必要序言，因爲我在現在這篇演講中希望完全探討他的價值。然而那些譴責他的哲學沒有體系的人，一旦聽說，甚至他的道德價值也無法抽開來單獨研究，必須藉由他的「社會學」以及以他的理想人類爲觀點來瞭解，則他們的驚奇感也許會大爲增加。我知道，這種說法一再爲人所駁斥，不僅在文字上如此，在行爲上也是如此。我們只要想到蕭伯納先生，就可以立刻想到他是一個傑出的思想家，相信他可以把尼采分成幾部分，然後只選取那個剛好最類似蕭伯納的結構的部分，留下其餘的部分。每個人都知道，蕭伯納先生是位社會主義者，儘管他宣稱他同意尼采對於道德的見解。6

儘管如此，尼采的「社會學」、他的理想人類以及他的道德卻是一體的，將它們分開會是很愚蠢又不當的，就像將同情或慈善從基督教分開一樣愚蠢又不當。

「有些人宣揚我的生命學說，」他在談到塵世的蕭伯納時說道，「但他們同時也宣揚平等和毒蜘蛛。」7

所有社會學的基礎都在於一種概念：生命對社會學家的意義何在？享樂主義者和功利主義者實際都同意一點：解決生命問題的方法在於讓最大多數人的最大快樂或最大自滿成爲生命的目的。尼采解決生存問題的方法則在於宣稱生命是「權力意志」。

這種「目的不一致」是什麼意思呢？凡人們一想到這些問題就會變得很失望。他們甚至不認爲哲學家本人知道自己在說什麼。一旦對於「什麼是社會生活」有了一般的概念後，我想我們將更能瞭解我們所必須解決的問題。

整個問題似乎是繞著我處理尼采對「痛苦」的見解的第二篇演講論文中所討論的要點在轉。我認爲有一件事是很確定的：快樂存在於那些我們最有天賦去表現的行爲表現。史賓塞在什麼地方說過，犀牛在被監禁著時，用角掘起泥土，是因爲在沒有敵人跟牠打鬥的情況下，牠必須以其他方式使用天生賦予的攻擊和防

6、請參閱蕭伯納在《星期六評論》中的見解。

7、Z.，〈毒蜘蛛〉。

衛武器，如此尋求快樂。牠擅長以暴力的方式使用天然的武器，因此使用它來讓自己感到快樂。

也許這種觀點也適用於我們人類。我們最大的快樂在於表現我們最有天賦表現的行爲，或者如同生物學家所說的，在於表現「我們最適應」的行爲。

大約在紀元前六世紀以中文寫作的老子說：「只要一個人知道如何讓步以及忘記自己（事實上是如何適應自己），他就會全身而退。」[8] 因此，很顯然的，我們在這兒並不是在論及一種新學說。這似乎是一種很舊的學說，並且也是通常爲人所接受的一種學說。唯一的困難在於如何加以應用。

由於我們是具有發明力的理性動物，所以顯然我們可以選擇自己所適應的行爲和生活方式。如果我們身爲人類仍然不會適應，且我們所表現的很多社會行爲仍然令我們不愉快，那麼，顯然的，我們最內在的本性想必還沒有在我們身上決定明確的生活模式，並且，毫不誇張地說，我們如何可能預期情況不會如此？因爲就我們歐洲人而言，至少每個世紀都把前一個世紀搞得顛三倒四。

但是我們將會看出，我們是可能適應任何情況的，因此也可能在任何情況中感到快樂——當然，只要我們熬過適應的過程。那位有名的中國人老子也許不知道，正是因爲他的適應學說實際上爲人所接受，所以有兩千多年的時間，中國人的性格銘刻在人們心中。

因此，享樂主義的宣揚者以及功利主義者，並不像也是反適應主義者的尼采和清教徒。前兩者斷然指向快樂，也就是說，指向完全的適應，視爲最重要的目標，不去考慮目標眞正達到時，是否値得或很明智。

我們所倉促通過的所有議會法案，我們爲了減緩痛苦所想出的所有小小策略，我們幾乎所有的哲學——尼采的哲學例外——都只是小小的嘗試，只是我們小小的摸索性嘗試，爲的是要適應我們的情況，也就是說，爲的是要能夠有才賦去表現出我們在我們的情況中所必須表現的行爲，光是倫敦一地的音樂廳和劇院的成長，就是時代的徵象。我們必須忘記城市生活的艱苦，我們必須緩和沒有加以適應的行爲所造成的不愉快。我們要如何適應這些行爲呢？這一點很重要。我們適應這些行爲的方法是：讓它們只是成爲全體的一部分。我們稱這一部分爲城

8、C.，德．哈勒茲（C. De Harlez）著〈道德經經文〉，四十二頁，第二十二章。

市生活，並且我們會在這一部分之中引進一種補償性的因素，包括劇院、音樂廳和展覽會。所謂的「先進」和「時髦」階級在遇到清教徒抨擊音樂廳和劇院時，會嘲笑他們，但這些所謂的「先進」和「時髦」階級忘記一件事，那就是，在這兩種動作之中（他們的動作和清教徒的動作），**清教徒的動作**比較先進，比較充滿對未來的希望。我現在並不認爲（以前也不曾認爲），清教徒抨擊音樂廳和劇院，是基於任何深沉的哲學動機，但事實上，清教徒這樣做，比他們所抨擊的對象更有助於改革、潮流、變遷，因爲他們所抨擊的音樂廳和劇院是一些手段，目的是遲早要讓我們適應那些現今至少完全有違我們的品味和最內在欲望的行爲表現。

現今，我們正辛苦地努力要適應情況。社會主義者認爲，他們已然發現適應之路。但是，難道我們有清楚瞭解到：任何生活的方法，無論多麼卑低、多麼可鄙，只要我們適應它，它對我們而言，最終都可能意味著快樂？

這正是很嚴重的危險——是籠罩人類的烏雲。這是尼采所警告我們的危險。只要我們適應社會主義，我們甚至也可能在其中發現快樂。問題並不是社會主義是否可能？而是它是否値得？我們擁有未竭盡的力量，但卻去適應它，這樣是否對我們而言有尊嚴？

「這種**人類**的普遍**退化**到未來人類的水準，」尼采說，「即社會主義愚人和頭腦簡單的人們所理想化的未來人類——這種人類的退化、矮化而成爲絕對群居的動物（或者如同人們所說的，成爲「自由社會」的人），這種人類的獸性化而成爲具有同等權利和要求的侏儒——這一切無疑是可能的！想出這種可能性的最終結論的人，會知道**另一種**不爲其餘人類所知的討人厭事情——或許也是一種新任務！」

但是，讓我們聽聽一位公認的功利主義者和全民「自由」的鼓吹者約翰·史圖亞·米爾對這個問題——「瘋狂地急著要以各種方法、各種藉口、各種推託之詞去適應」——有什麼話要說：

「我們有一個警告性的例子見之於中國——它是一個人民具相當才能以及在某些方面甚至具相當智慧的國家，因爲天賜他們少見的幸運」（你們注意到，米爾甚至禁不住要說這是「少見的幸運」，儘管他又說了下面的話），「因爲天賜他們少見的幸運，在早期的時候就有了一套特別良好的習俗，就某種程度而言，這是一些中國人民的成就，甚至最開明的歐洲人也必須在某些限制之下稱呼他們爲賢者和哲學家。他們也是很非凡的人，組織很優越，盡可能把他們擁有的最佳智慧深印在社會中的每個人心中，注意讓那些已經擁有了大部分智慧的人占有榮譽和權力地位。有如此表現的人確實已經發現了人類進步的秘密，想必已經穩定地走在世界潮流的前端。[9]

「其實相反，他們已經變得靜止不變——已經有數千年一直是如此。如果他們要有進一步的改進，就必須靠外國人。他們已經達到一種沒有人能企及的境地，也就是英國的博愛主義者辛勤地努力的目標——把所有的人都變成相同，全都藉由同樣的座右銘和規則來支配思想和行爲。這些就是結果。現代輿論的無組織形式，就是有組織形式的中國教育和政治體系。除非個體能夠成功抗拒這種桎梏，否則歐洲儘管有高貴的經歷……也會變成另一個中國！」[10]

這是約翰．史圖亞．米爾驚奇之餘的說法：老子的適應學說所無疑導致的情況，其實不是進步的情況，不是充滿活力的情況！

但是我們不應認爲，尼采只反對社會主義。如果我們適應於現今存在於歐洲的情況，尼采會認爲那是一種大災難。他反對的就是這種情況：如此匆忙、渴望地要達到完全的適應狀態。他對人類懷有較高的目標——這些目標比較配得上人類以前的經歷，也比較配得上人類潛在的可能性。因此，他對享樂主義者和功利主義者懷有敵意，也因此我們已看出，他規勸我們不要那麼害怕痛苦。

由於他在知性的事情方面表現很眞誠，所以他甚至無法認爲人類是平等的。他懇求那些對這種想法感到很愉快的人不要將愉快和眞理混爲一談。就像赫胥黎教授一樣，他不得不體認到「人天生不平等。」

「我不希望人們將我跟宣揚平等的人混爲一談，誤認我是宣揚平等的人，因爲『公正』在我內心說：『人不是平等的！』」

「人將來也不會變得平等！如果我不這樣說，那麼我對『超人』的愛又在哪裡？」

9、爲何米爾在這兒說「確實」呢？這個問題無法回答。如果他說的是「有如此表現的人確實已經發現了人類愚蠢的秘密，」那麼就會瞭解。這個句子中的「確實」顯露出整個昏庸態度，而他堅持這種態度是他正在討論的問題的基本律則。有人會反駁說，「確實」在這兒具反諷意味。我的回答是，「確實」代表「人們會認爲」，因此暗示說，接下來是一種相當可能的結論，是在緊急狀況中從前提中引出來的，然而，讀者和這位哲學家都沒有權利認爲這個結論是可能的—更不用說相當可能。

10、《論自由》中的〈幸福的要素〉的那一章。

「他們將聚集在數以千計的橋梁和通道上，朝未來前進，越來越多的戰爭和不平等將出現在他們之中。如此，我的偉大的愛逼我講話！」[11]

這與尼采所推薦的「適應」相反。只有那些認爲我們現在的狀態是最佳狀態的人，才敢在今日宣揚說「適應」是福音。尼采反而說：

「善與惡、富與窮、崇高與低下，以及所有的價值名稱，將是生命一直必須再度自我超越的武器和衝突符徵！

「生命本身向上努力著要用柱子和梯級自我建立：它渴望要凝視遙遠的地方，凝視外面神聖的美——因此它需要高度。」

「就因爲它需要高度，所以它需要梯級，以及位於梯級和那些超越梯級的東西之間的牴觸！生命努力要升高，在升高中自我超越。」[12]

尼采體認到天生的「人之不平等」；他譴責那些拒絕體認此事或努力要在此事上妥協的「社會學」體系。他在他的「社會學」之中爲此事做好準備。那些沒有爲此事做好準備的人施暴於人類，強暴大自然，攻擊它的最基本和最高尚的原則。

然而，他比一般相信人類「不平等」的人更進一步。他正好在這種不平等中看到一種要達到的目的，看到一種要加以利用的狀態，只要是閱讀他的哲學的人，都很熟悉他的機會學說——他要所有的人利用機會，不要避開機會或讓機會利用他們。

嗯，他就是在人類的這種偶然的階級區分之中，看到一種要善加利用的狀態。他說：

「『人類』這一種類型的每種提升，到現在為止都是一種貴族社會的成果——將來也會一直是如此。這種貴族社會相信大規模的階級區分，以及人類之中價值的差異。」[13]

如果在一個社會中，階級的區分被視為是必要和不可缺的狀態，則這個社會中較高尚的人就會構成一種階級，我們就可以在其中期望人類的眞正提升。在這

11、Z．，〈毒蜘蛛〉。

12、同前。

13、G．E．，二二三頁。

樣一個社會中並不可能有很完美的適應。每個階級之間的界線變成一個區域，鄰近的階級在其中彼此發生作用和反作用，不同的影響力導致新的形態出現，停滯狀態的危險性會成功地且不斷地被加以抗拒、克服。它是一種有機體，在其結構中幾乎包含了異質性的保證。就像溫水一樣，它具有層次，有水流不斷穿過這些層次。

在這種社會中，道德家對於「誰會是世界的主人」具有很固定的想法，他們可能會發現必要的領域，好讓他們表現和應用才能。他們可能在這兒努力實現理想，把我們談到的水流引到一個方向，導致「人類」這種類型的提升。

在這樣一個社會中，「不穩定的平衡」、「適應不好」的狀態會造就一種奮鬥的精神，可以由立法者加以利用和引導，對理想的種族有所裨益。在這樣一個社會中，完全的適應會被認爲是惡魔，因爲它會大大對抗那種激勵最偉大英雄去採取行動的提升精神。尼采說，在這樣的一個社會中，較高尚的人可能會產生「超人」，而他會爲了這種社會而制定法律。請聽他對「較高級的人」的忠告：

「哦，我的兄弟們，我尊崇你們爲新貴族，爲你們指出進入其中的路徑。你們將成爲未來的生產者、養育者和播種者。」

「眞的，你們不會變成人們可能像店老闆一樣用黃金去買的貴族，因爲凡是價錢固定的東西都沒有什麼價值。」

「你們未來的榮譽不是在於你們來自何處，而是你們要往何處去！你們的意志，以及你們那渴望超越自己的腳——就讓這成爲你們的新榮譽吧！」

「哦，我的兄弟們，你們的貴族身分將不會往後凝視，而是往前凝視！你們將被從所有天父和祖先的國度逐出！」

「你們將愛你們孩子的國度（就讓這成爲你的新貴族身分），是在最遙遠的海中的未被發現的國度！」[14]

這是尼采對「社會學」的品味。還有其他品味，全都同樣有可能性。有對羊群的品味——社會主義趨向的品味。有對「人類上帝」——絕對的君主政治——的品味。也有對「無政府狀態」的品味。如果要用一個句子界定尼采的「社會主義」體系，那就是稱呼它爲一種寡頭政治，由一種理想的人類類型引導前進，而

14、Z.，〈舊桌與新桌〉，第十二節。

這種理想的人類類型是較高尚的階級不斷努力要體現和超越的。

這個社會中的貴族，不該是向法國路易十四，或更往前推，向很多羅馬暴君低頭和叩頭的懦弱群衆。「一個良好和健康的貴族社會中的基本事物」……尼采說，「是在於這種社會不應該自認是國王或國家的一種功能，而是它們的意義和最有力的理由——因此這種社會應該安心接受很多個人的犧牲。**爲了這種社會的緣故**，這些個人必須受到壓抑，成爲不完美的人，成爲奴隸和工具。這種社會的基本信念必須是：社會不允許爲其自身的緣故而存在，而是只做爲一種基礎和台架，藉此一種精選的人類就能夠自我提升，去履行較高的責任，一般而言，去達到較高的存在狀態……」[15]

尼采甚至認爲，膚淺的社會主義者會對他有幫助。事實上，他認爲這是可能的，就算不是非常可能。畢竟，這種社會主義者最認眞地追求的是什麼呢？難道不是讓整個社會都成爲懦弱的羊群，讓他們可以終極被視爲一種寡頭政治的必要基礎——是那種強有力的細胞，在我們的身體中有助於神經細胞，如此構成一種眞正的寡頭政治的被統治階級。假定在這種未來的社會主義社會中的「少數民族住區」中仍然可能誕生一種較高尚的人，那麼很清楚的，這種較高尚的人將會發現，一切都爲他們準備好，一切都很順暢，準備讓他們發揮權威和優越性。假定某種形式的奴役狀態是一種必要的「較高文化狀態，」[16]那麼顯然的，社會主義者所創造的群衆，將只是較高貴的人所會加以利用的現成工具。同樣的，這種事情不是在過去一再發生嗎？如果這種較高貴的人是尼采的信徒，雖然他們不會成爲暴君，但我們還是會很確定，只要暴君成功地統治著的世界任何地方，都會有一種怯懦的宗教教條、一種頹廢的哲學，或一種墮落的生活方式，一直爲他們把基礎準備好。如此，社會主義可能是朝向尼采的理想前進的一種必要步驟。但它卻是一種危險的路徑，因爲人類會有些微可能在半途停下來，去完全適應它，這樣就不可能產生較高貴的人，強有力的希望和理想就會告一個結束。

徹斯特頓（Chesterton）先生在什麼地方，我想是在評論歐斯卡．李維（Oscar Levy）的《貴族階級的再生》一書時，說過，寡頭政治不需要像民主政

15、G．E．，二二五頁。
16、同前。

治一樣表現強烈的冷酷。我相信他提供的理由是：民主政治的先決條件是每個人心中那種「成爲主人的欲望」，而寡頭政治則只允許極少數精選的人有這種主人的氣魄。

徹斯特頓先生似乎不曾想過，在民主政治中不曾出現過爭取主人地位的眞正努力；在民主政治之下，人們促進個人利益的欲望勝過進行統治的欲望。一旦在相當程度上促進了這些個人利益，大部分立法者的經驗是什麼呢？——個人對於立法的興趣會忽然減弱，很快就完全消失。史賓塞在自傳最後的「深思」部分坦承，無論多麼勉強，他必須承認情況是如此，[17]而他之所以拒絕當國會議員，在很大的程度上是基於他對這種本質的考慮。

一群羊最認眞去追求、發現的東西是得意的自在，不一定是主人的地位，因爲主人的地位涉及責任、洞察力、精力、勇氣和對自己的冷酷，也就是對自己的控制力，而這種控制力是所有優秀的指揮者所必須具有的，與群居的人類對自己表現得比較縱容的態度剛好相反。

責任、洞察力、精力、勇氣、冷酷，這些都會令人不安，尤其是不一定跟個人群居的私利結合在一起，因此個人並不會貪求這些特性。個人所貪求的是得意的自在。一旦有一種影響力威脅著要阻撓這種卑劣的自滿時，個人就會忽然培養出對立法的興趣，然後他就會有一段時間希望成爲主人。

冷酷呢？——如果冷酷不涉及支配別人，一個人就不會表現出冷酷來支配自己的內心、言詞和動作，就不會表現出冷酷來驅除非常強烈的懷疑，來領導群衆做出非常高貴的事情，或阻止聚集的衆人提出過分的強求。他所能表現的冷酷是：他能夠冷靜地注視著那些與他的不重要私人利益爲敵的人被活活燒死；他所能表現的冷酷是：他會爲了一碗濃湯而使得國家一個偉大的計劃流產。如果這是徹斯特頓先生所指的冷酷，那麼我們同意他。群居的人類和未來的社會主義者會表現這種所謂的冷酷，但所有那些熾燃著憎意的人也會，所有噬蝕著偉大建築架構的寄生蟲和沉默的齧齒動物也會。

「在每個健康的社會中，就生理上而言，會有三種彼此制約、以不同方式發生作用的類型區分出來，各自有自身的保健法、勞動範圍、特別的完美情操，以

17、《自傳》，第二卷，四六八頁。也請參閱二〇二頁和四六六頁。

及特別的主人地位。」

「是大自然，而不是人類的始祖，把人分成大體上很有智力的個人，以及主要的優勢在於肌肉的力量和性情的個人，而第三種人在智力和肌肉力量及性情方面都不很傑出，即平凡的個人。後者占大多數，前兩者是精選的個人。」

「最高的階級——我稱之爲**最少數的階級**——身爲完美的階級，擁有最少數人的特權。這種階級代表世界上的快樂、美、善。只有最有智力的人才准許擁有美的特性和美的事物；只有在他們身上，『善』才不會成爲弱點……善是一種特權。另一方面而言，他們最不被准許表現出令人不愉快的生活方式或悲觀的神情，即那種把東西看得很醜陋的眼光，甚至不被准許對事情的整個局面表現很憤怒。憤怒是低層階級者的特權，悲觀也是。『這世界是完美的』，最有智力的人的本能——正面的本能——這樣說。不完美、每一種比我們低劣的情況、距離、距離的悲情、甚至低層階級者，都屬於這種完美。最有智力的人，身爲**最強**有力者，會在別人發現『毀滅』的東西之中發現快樂：在迷宮中，在對自己和別人的嚴厲中，在努力中。他們的愉快在於自我克服；對他們而言，禁欲變成了自然狀態、必要條件、本能。他們把困難的工作視爲一種特權，把玩弄那種致別人於死命的負擔視爲一種娛樂……知識是一種禁欲形式。他們是最值得尊敬的人。但他們仍然是最快樂、最友善的人。他們之所以支配別人，不是因爲他們要這樣，而是因爲他們本來就如此。他們不能隨意成爲次等階級。次等階級是：權利的保護者、秩序與安全的維持者，是高貴的戰士，尤其是身爲最高形式戰士的國王、法官和法律的維持者。次等階級是最有智力的人的決策者，與最有智力的人關係最緊密，解除支配過程中所有粗魯的成分，是他們的侍徒、他們的得力助手、他們最佳的弟子。再重複一次，在這一切之中並沒有獨斷的成分，沒有『人爲』的成分。如非如此則是人爲的，『人爲』使得大自然蒙羞……生命本身的最高律則只由階級的順序、等級的順序來陳述。區分出自由類型的人，對於社會的維持、較高和最高類型的產生是必要的。權利的不平等是權利存在的條件。權利是特權。在每個人的生存模式中，每個人都有自己的特權，我們不要輕視平凡人的特權。生命在向頂峰前進時總是會變得越艱困——冷漠的感覺會增加，責任會增加。高度的文明是一種金字塔，只能立在寬闊的基礎上；它有一個最重要的先決條件，那就是一種堅固又健全的平凡狀態。手工藝、交易、農業、科學、大部分的藝術，簡言之，整個商務活動的範圍，完全可以配得上一般程度的能力和要求。

在特別的情況中，相同的工作會被取代，特定的本能會與貴族作風和無政府主義牴觸……對平凡的人而言，平凡是一種快樂；對他們而言，精通於一件事——專門化——是一種自然的本能。具較深智力的人完全不應嫌惡平凡狀態。這確實是讓特別情況可能存在的**第一個**必要條件，這是高度文明的條件。如果特別的人以比他自己和同等的人更微妙的風格去對待平凡的人，那不僅是內心的謙恭——那絕對是他的責任。在現今的群眾中，我最憎惡誰呢？是社會主義者群眾，是低層階級的使徒，他們暗中破壞工人的本能、他們的快樂、他們對卑微生活的滿足感……錯誤從來就不在於權利的不平等，而是在於對『平等』權利的意圖。」[18]

尼采就這樣總結他對於理想社會的描述。現在在我們將探討他的道德學時，最好謹慎記住這種描述。針對誤解和誤判他的很多人，我想我可以很有把握地說，他們並沒有記住這一點。如果我們一直能夠看清他所針對的目標，則我們不可能不會瞭解他的道德學的相應和邏輯特性。

在基督教價值以憐憫宗教之名支配世界的最盛期中，有兩個彼此不認識的哲學家，一位是英國人，另一位是德國人，開始寫及道德問題，各以自己的方式寫及，各自希望幫助自己的同胞，各自都可能想到：現代歐洲的醫院氣氛正要變得令人無法忍受。

其中一位所獲致的成果，我們早在一八七九年就知道了，而另一位的作品，我們現在在英國才要開始閱讀。前者是赫伯特．史賓塞，後者是腓特烈．尼采。

史賓塞說：

「如果一種行為促進自保，我們就視之為善，如果它會造成自我毀滅，我們就視之為惡。」[19]

18、C．W．，三三九—三四二頁。

19、《倫理學資料》，二十五頁。

如果你們之中有人記起第一篇演講論文中尼采的結論，就會瞭解到，史賓塞的道德原則顯然，就某種意義而言必然，只陳述了做爲所有道德基礎的事實的一半。我說必然，因爲史賓塞的道德原則完全符合他自己的觀點，即「生命是活動」，或生命是「內在關係持續適應外在關係。」然而，我們已經知道，生命不僅是如此，自保的意志只不過是一種更高的意志——爲自我而獲致權力的那種意志——的間接結果。

現在我們瞭解了尼采有關「人」的觀點，但一旦忽視前述觀點，並且又爲了論辯的緣故，認爲我們可以從生物學所提供的資料來合理地陳述史賓塞的原則，那麼，我們一定會對於這種學說的陳述中的另一個矛盾之處留下深刻印象，那就是，只認爲自保是善，並不主張保存特殊類型的人，只是認爲自保是善。

是的，如果我們仔細檢視史賓塞的作品，就一定會瞭解，他具有某種理想：一種從事產業工作的榮耀人物，擁有了生產有用東西的幾乎超自然力量。這是史賓塞時代的平常人讓他想起的一種理想。縱使如此，我們還是看不到他所欲求的這種類型人物的輪廓和形式，因爲他極力主張「適者生存」是達到他的境地的一種過程。

由於史賓塞如此強調「適者生存」的露骨原則，[20]我們開始想到，我們在研究他的哲學時自始至終所害怕的事情是什麼?那就是「幾乎完全缺少品味」。史賓塞這個人能夠很認眞地沉思以下此事的可能性：「設立一種有系統的產業，爲印染布或織布，以及爲紙類懸掛物等等，做設計的工作。」[21]因此，如果我們在他對未來的人類的態度中看出他在相當程度上缺少優雅感覺，我們並不會驚奇。其實他只是催促我們去承認他的哲學中那種前後一致的特性，而只有在談到他對好行爲和壞行爲的那種較廣濶的定義時，我們才會去懷疑這種特性。

我們會記得，他忽視了自己的嚴格原則，即「適者生存」並不一定意味著各方面較優良的人的生存（如果就「較優良」一詞的普通意義而言），因此，某一物種所遵循的進化方向不一定意味著一種提升或改進。然後，他以較明確的方式陳述他的道德原則如下：

20、《社會學原理》，第三卷，五九九頁。《生物學原理》，第二卷，五三二頁。

21、《自傳》第一卷，三〇九頁。

「我們稱之為『善』的行為，是相對較進化的行為；我們稱之為『惡』的行為是相對較不進化的行為。」[22]

這兒的前後不一致不需要加以評論。

儘管如此，史賓塞和尼采在某些細節方面卻有很多相像的地方，兩人各具有很不尋常的心智力量，我本來很不願意在這兒以很鮮明的對照方式將他們並列，但尼采自己卻很推崇我們這位偉大的哲學家史賓塞，這樣他實際上是暗示一種比較。

你們記得，尼采在《道德系譜學》中檢視了其他道德體系並發現它們沒有價值後說道：「赫伯特·史賓塞先生的理論遠較合理。」雖然他無法表示認可，但卻補充說：「它至少很合理，就心理學而言很有條理。」[23]

我們已經知道為何他無法認可史賓塞的道德哲學。首先，因為它的原則很具一般性，無法建立很明確的類型，因此完全缺少品味。其次，它以曖昧的方式暗示它所可能達成的理想，暴露出一種與尼采的品味基本上對立的品味，所以接受它就意味著加入他最大的敵人——頹廢者——的行列。[24]

我們就轉離這種思考，俾能探討尼采的道德哲學。讓我們看看他怎麼說。

就算有一種優良的類型（尼采所認爲的）存在，但只要這種類型藉以進步的價值是頹廢和退化的價值，則「適者生存」的律則也不保證這種類型最終會生存。如果一個人知道且記住這一點，他就會把自己用以培養理想人類的規則提供給我們。這種道德規則會指引**他的**途徑，表達他的品味，吻合他對大自然外觀的判斷。

「什麼是善呢？——凡是增加人類內心權力的感覺、權力的意志、權力本身的東西，就是善。」

「什麼是惡呢？——凡是從『脆弱』發展出來的東西就是惡。」

「什麼是快樂呢？——『權力增加了、抗拒力被克服了』的感覺就是快樂。」

22、《倫理學資料》，二十五頁。

23、G．M．，二十頁。

24、C．W．，二〇二頁。

「不是滿足，而是更多的權力；不是花任何代價獲得的和平，而是戰爭，不是美德，而是能力（文藝復興式的美德、價值、免於任何道德之酸的美德）。」

「脆弱和不健全的人將會消失：這是關係到我們的慈善的第一原則。人們將有助於這種人的消失。」

「什麼是最有傷害的罪呢？——是對所有不健全和脆弱的人所表現的實際同情——基督教。」[25]

這是權力、健康生活、樂觀主義的道德，尼采希望藉著這種道德，使他的理想人類變得最重要。這剛好跟我們在今日認爲最確定的一切相反；這也許剛好跟我們在今日最不確定的一切相反。

提出這些見解的這個人，部分預知到女性化的歐洲人會以什麼方式接受這種類型的道德價值。他準備要遭受謾罵；他預見到他的律則也許會引起強烈的誤解。沒錯，羊群焦慮了，各種不同的繫鈴羊群驚慌了，不久就以強烈的方式發洩情緒。在《查拉圖斯特拉如是說》的第三部分，我們看出，尼采已經預期他們最可能採取什麼攻擊形態。

「哦，我的兄弟們，」他叫道，「說啊，我殘忍嗎？但我要說：將要塌陷的東西甚至會被順勢推下去。」

「今日的一切會塌陷，會腐化。誰會保有它們呢？但我——我還要將它們推下去！」

「你們知道躭於肉欲會使石頭滾進陡峭的深處嗎？今日的這些人——看看他們，他們是如何滾進我的深處！」

「哦，我的兄弟們，我是較佳的表演者的序曲！我是一個範例，根據我的範例行動吧！」

「你們沒有教人們如何飛翔，反而教他們如何更快速墮落！」[26]

他要我們看穿現今那些自鳴得意卻可憐的騙子，這些騙子仍然爲自己良心無罣礙而感到欣喜。他要我們終結這種現象。

但是，首先我們要十分清楚誰才是眞正自私和殘忍的人？哪一種道德才眞正

25、C·W·，第二四二頁。

26、Z·，〈舊桌與新桌〉，第二十節。

包含涉及殘忍的價值？——是尼采的道德？還是基督徒的道德？

這種價值的污點經常被栽贓在尼采的道德之上，而栽贓的人本來應該更瞭解他的。然而，任何人的批評卻只是對他自己的一種評論、一種偶然啓示。當有人告訴我們說，他不喜歡史特勞斯或雷傑爾（Raeger），我們所聽到的話並不會損傷或增強我們對這兩位音樂家的見解，但我們確實會得到有關表達這種見解的人的性格、品味和教育方面的提示。同樣的，當徹斯特頓先生輕率地指出尼采宣揚利己主義時，[27]我們也不會得到有關尼采的眞正訊息，我們反而是得到錯誤訊息。但是，我們卻會獲得針對徹斯特頓先生本人的珍貴評論，那就是，他沒有仔細去閱讀尼采，也沒有費心去瞭解他所閱讀到的極小部分。

如同我所說的，利己主義的價值經常被栽贓在尼采的道德之上。其實，如果我們是以草率的態度去檢視此事，就會很顯然看出（尤其是膚淺的讀者更是如此），尼采所提供的道德內容迎合了人類的自私本能。

然而，如果我們更深層地探究這個問題，則會很驚奇地發現，情況跟我們最初所預期的有點不同。

根據我們的想法，一棵樹或一隻狗的良好生命只藉由挑選和犧牲的過程來維持。我們的過程比較謹慎，也許不像大自然的過程那樣秘密和無計劃。我們犧牲個人，以達到我們的家庭理想：我們犧牲家庭，以達到我們的物種理想。我們也時常消滅「物種」（species），以達到我們的「物屬」（genus）理想。

園丁會修剪果實和玫瑰樹。他心中有一棵理想的樹，他會努力讓他所照顧的樹達到這個理想，因此他會把所有脆弱、生病以及退化的器官視為敵人。飼養狗的人會讓生病的狗死在一窩小狗之中。如果小狗的數目對母狗而言太多了，而飼養狗的人又找不到義母，他甚至就會犧牲有希望的小狗，以實現他心中的理想狗家庭。生命——良好的生命——需要犧牲，不是為了一種形而上的目標而犧牲，更時常是為了一種生理的目標而犧牲。

古代的希臘人不知不覺中表現出最大可能的嚴厲態度，實踐了這種原則。

他們的理想人類是有精力和戰鬥力的人類，因此，他們的生命是經常的戰鬥，甚至他們的娛樂也是辛苦的奮鬥，甚至他們的談話也是爭論。

27、《正統》，六十五頁。

「謙卑的基督徒」，伯利先生說，「會被亞里斯多德認爲是邪惡和可鄙的人，因爲亞里斯多德主張精力旺盛的人是有美德的人。」[28]

犧牲——我們現在正在討論的「爲理想而進行有意識的自我犧牲」——當然不是希臘人的想法之一。他們首先是採取行動、採取有力行動的人，但是我們不要忘記，一種十分無意識的行動，卻很有可能達到藝術方面有意識的努力只能夠大約達到的效果。我們必須記住，孔雀所表現的無意識行爲可能勝過世界上最會表現的人。

這些希臘人是無意識的藝術家，他們只是在發洩心中那種渴望表達某種情緒的壓力。這種壓力引導他們去表現英勇的自我犧牲行爲，但這對他們的目的而言只是附帶性的，就像老虎的感官魅力，對於牠的走路動作或跳躍前的蹲伏動作而言，也只是附帶性的。最重要的是，這些希臘人的目的是要發洩他們多餘的精力。我們還不充分瞭解的是，所有眞正的藝術家，無論他們是畫畫、唱歌、寫作或作曲，首先都是擁有多餘精力的人，他們生命中的最重要目標是釋放這種精力。眞正的藝術家並不是出於選擇而這樣做。我們從他們的作品中所欣賞到的魅力，是純粹附帶性的，或者說，應該是純粹附帶性的。希臘人就是如此。他們最重要的事是釋放過剩的精力，對他們而言，生命變成一種次要——次次要——的考慮。因此，他們表現出那種讓我們愉快又興奮的英勇行為。我們很自然會在其中看到一種值得追求的理想，但我們不要忘記，他們只是在無意識中追求這種理想。

有些畫家說，「你只要觀察和詮釋大量的形體和色彩、大量的亮光和陰影，那麼，你畫的線條和清晰度就自然會演化出來。」有些人在注意到一幅畫以這種方式畫出來時，會認為其中的線條和清晰度是藝術家有意識努力所造成的結果，這是可以理解的。所達到的目的，常常跟用來達到目的的方法混為一談。希臘人並不是出於選擇而成為英雄；他們是無意識的、涉及藝術的英雄。他們在英勇的行為中忘記了生命的價值，因為他們只顧慮到更偉大的價值——表現出對他們而言自然又必要的行為。他們至少讓我們看到一個民族愉快地努力追求高貴和強有力的理想的景象。

28、《後期羅馬帝國史》，第一卷，二十三頁。

雖然我們瞭解到，這些理想只是附帶性的，但我們並沒有因此貶低行爲的美，我們反而增加它一千倍的美，因爲還有什麼比無意中表現出來的美更美呢？

只有當我們進入衰微的文化狀態，或進入各種希望摻雜、目標有所衝突的狀態，且必須召喚、彙集精力時，我們才能開始談到有意識的英勇行爲和有意識的自我犧牲。雖然我們今日仍然遺留有一點點往昔的無意識理想，但在我們所生活的時代中，我們還是必須以有意識的方式追求理想，還是必須以非常費心的方式去勸說，英雄才會出現。

尼采體認到一位現代「隱士彼德」的必要性。他看出希臘人以無意識的方式而成爲理想的種族，而這種理想種族使得他們成爲世界上最偉大的藝術家，從他們留給我們的雕刻可以得到證明。他看出，我們今日必須刻意去追求這種種族理想。我們必須刻意地集中、彙集和掌控力量，必須有意識地刪除、壓制和消除脆弱的部分，一直到經過幾代之後，那些現在必須被促成的特性結合在一起，成爲本能，一直到它們變得像在古代希臘人之中那樣無意識，透露出只有無意識的美才具有的那種純潔和穩定的特性。

如果我們摒除神經質的偏見，我們就會知道，尼采的這種原則也是我們的原則。其實，這種原則只是一種由來已久的律則，即「如果要成爲一個理想的種族，則必須有一個人、少數幾個人受苦」。

希臘人在他們的古代神秘學說中確實宣稱痛苦是神聖的。對他們而言，痛苦一般而言是因爲生產小孩的痛苦而變得神聖。所有的變化和成長，所有的生命希望，如果用比喻的方式來說，似乎都需要痛苦光環。他們並不像我們今日那樣恐懼痛苦。他們並不認爲痛苦是一種罪惡，反而認爲它是有希望的生命所需要的，就像快樂本身是生命所需要的。[29]

基督教所謂的利他道德如何面對這些問題呢？首先，如同伯利先生所說的，「基督教強調個人的特權、希望和恐懼，基督爲每個人而死。」[30]

「那種應許給每個人的『不朽』，到目前爲止是對高貴的人類的最惡劣、邪惡的侮辱。我們不要低估那種源自基督教、甚至以迂迴方式滲入政治的災難。現

29、C·W·，二三〇頁，也請參閱第二篇演講論文中有關「享樂主義」的評論。

30、《後期羅馬帝國史》，第一卷，三十三頁。

今已經不再有人有勇氣爭取個別的權利、支配的權利、對自己和同等的人的尊敬感覺——對**距離**的悲情。[31]然而，基督教卻將它的成功歸因於這種『以可憐的方式訴諸個人的虛榮心』，它如此把所有不健全、具煽動傾向的人、不幸的人，把人類中所有的渣滓引誘到它那一邊。『靈魂的拯救』，以淺顯的語言來說，意味著『這個世界繞著我旋轉。』」[32]

英雄的理想就如此受到戕害，實際上被廢除了。「我和我的靈魂」變得最爲重要——理想的種族成爲次要的事情，所有種類的人都處在優勢之中。

伯利先生實際上把羅馬帝國的解體部分歸因於這種利益集中在每個人身上的惡毒現象，歸因於人類的理想在這個世界上消失了。

每個人，只要能夠在肺中充滿空氣，不管他很笨拙還是很美，不管他是生病還是很健康，都會因爲「靈魂」這個防腐劑似的觀念而變得神聖，並且必須加以維持——就算種族的理想最終變得不可能，就算人類最終呈現世界上所有醫院的所有病人的外表，縱使高貴的植物被生長在他們四周的大群纏結的莠草所窒息。

然而，基督教事實上對莠草一無所知。「莠草」一詞以前由「基督教教條的創立者」以隱喻的方式加以使用，但這個詞用在人類身上似乎已經過時。不——

每一棵幼苗都是一株高貴的植物，每一片葉子都必須加以滋養、培育、縱容，最後健康的人開始懷疑：成爲健康的人是否正確或甚至神聖，最後每個人都成爲病人或病人的服侍者，最後人類的世界變成我們今日所看到的：三分之二以上的人都是笨拙的、拼湊在一起的、混亂的。

這是眞正的自私，這是被人逮到的自私——除此之外，沒有什麼東西是正確的，沒有什麼東西是眞實的，沒有什麼東西是值得的。

爲了個人的靈魂而去犧牲理想的類型，爲了混雜的「物種」而去犧牲理想的「物屬」：這就是人類今日的目標和成就。有誰會想到這是被基督教教會所神聖化——不，所託付——的方法？

在從前，英雄的理想是：爲了一個人的種族或種屬的理想而做的犧牲，是一種高尙的行爲。基督教不僅改變了行爲的動機，因爲它爲行爲提供了一種死後的

31、C‧W‧，三〇六頁，三〇七頁。
32、同前，三〇六頁。

獎賞，並且在狹窄的基督教觀點中，甚至行爲本身也變得萎縮，成爲「同情鄰居」或「愛朋友」的行爲。

叔本華一直都認爲同情是最大的美德，但顯然只是因爲他的哲學否定生命且又是徹底的虛無主義。

今日最重要的事是：必須避免痛苦；個人必須生存；理想的種族成爲生命中次要的、無論如何是遠較沒有意義的因素。我們在上帝面前全都是一樣的。

「而上帝已經選擇卑下的東西、被輕視的東西；是的，上帝已經選擇不存在的東西，把存在的東西變沒有。」

尼采的學說被說成利己主義，我不知道有多少瞭解以下這個段落的人說他的學說是利己主義：

「最高的美德是不尋常的，也幾乎沒有什麼用途；它閃閃發亮，其光彩是純潔的：一種施予的美德是最高的美德。」

「眞的，我相信我已經發現了你們，我的弟子們：你們跟我一樣尋求一種既定的美德……你們強迫所有的東西到達你們身上，進入你們身上，讓它們可能從你們的井泉流回來，做爲代表你們的愛的禮物。」

「眞的，這樣一種施予的愛一定會掠奪所有的價值，但我說那種自私是健康又神聖的。」

「還有另一種自私，涉及貧窮的自私，涉及挨餓的自私，一直想要偷竊：那是病弱者的自私、病弱的自私。」

「它以小偷的眼睛看著所有發亮的東西；它在極饑餓中評估著那些有很多東西可以吃的人。它一直在奉獻者的餐桌四周潛行。」

「疾病以那種渴望、隱形的墮落模樣談話；那種自私所透露的小偷似渴望談到了病弱的身體。」

「我的兄弟們，請告訴我：我們把什麼視爲不好和最不好的東西？難道不是墮落嗎？——只要一個地方缺少施予的靈魂，我們總是會懷疑墮落的存在。」

「我們從物種往上進展到超物種。但我們很害怕墮落的心智說道：『全爲了我自己！』」[33]

33、Z.，〈施予的美德〉。

在尼采看來，病弱和無能的人一定很自私，且是不合理的自私。他們沒有東西可以施予。如果他們希望維持生命，就必須從健全和有力量的人那兒取得東西。如果施予者施予，又能生存，那就意味著過剩。「過剩的權力是權力的證明。」[34]

希臘人，即天生的藝術家，由於過剩而施予，因爲他們必須施予，否則就一定會噎到，這是尼采的施予概念。

生命的充分、過剩的生命，顯然有助於施予的行爲。事實上，尼采認爲，甚至獻祭的習俗也可能部分源自「過剩」所促成的奉獻欲望。「一個高傲的人需要一個上帝，以便對他奉獻。」他這樣提示。[35]

尼采的學說中確實透露出似乎是純利己主義的意味，但且讓我們聽聽他對此事的說法：

「自私，」他說，「所具有的價值，取決於自私的人的生理價值：它可能很有價值，或者可能惡劣又可鄙。我們可以從每個人是代表上升的生命線，還是下降的生命線來看待他。一旦決定了這一點，我們就有了評估他的自私的規範。如果他代表上升的生命線，他的價值事實上就很大。由於他內心的集體生命更加前進一步，所以對於維持他的生命的關心，對於提供他最佳生活狀態的關心，可能甚至會是很極度的……如果他代表下降的趨勢、腐化、慢性墮落或病弱，那麼，他就沒有什麼價值（他的利己主義就等於意在維持同種類的人的生命，因此意在墮落），此時最公正的做法是：盡可能不要讓他從健全的人身取走東西。此時他就是一種寄生蟲而已。」[36]

對於思考此事的人而言，還有什麼比這更理性、更符合經驗、更不證自明的呢？

難道你認為一位利己主義者會寫這些文字嗎？

「群體的高貴靈魂會希望不要不勞而有所獲，尤其在生命方面更是如此。」

「只要是屬於群眾中的一員，就不會在生活中付出代價。但是我們這些接受

34、C·W·，九十七頁。
35、C·W·，二五八頁。
36、C·W·，一九二頁，一九三頁。

生命的其他人，我們正在想：我們將以什麼做爲最好的回報！」

「眞的，以下的言詞是很高貴的：『我們將保守生命對我們的承諾！』」

「如果一個人沒有提供享樂，他就不會想要享受自己的生命。」[37]

尼采的哲學核心並不是利己主義，而是廣闊、莊嚴的利他主義。他希望我們的內心不要去幻想：我們那種微不足道的不自私、那種溫順和同情有什麼眞正的價值在。他叫著說：「啊呀，世界上還有什麼地方出現過比表現同情的人的愚蠢更大的愚蠢呢？世界上還有什麼事情比表現同情的人的愚蠢造成更大的傷害呢？」[38]如此，他確實使得膚淺的人認爲，「自私」是他的學說的目標和主流。

但是，就這方面而言，他說，我們全都眼光太狹窄，好像太得過且過地生活著。眼光遠大的人看出比愛鄰人更偉大和重要的責任。未來的一代、他們的健康和福祉沉重地壓在他身上，他非常意識到他和其他人對於塑造這一切所負的責任。

「我有勸告你們要愛鄰人嗎？我反而是勸告你們要逃離鄰居，去愛最遙遠的未來的人。」

「愛最遙遠的未來的人，比愛你的鄰人更高貴。」

「比較遙遠的人（你的孩子和你的孩子的孩子）會爲你對鄰居的愛付出代價。[39]

「你們將愛你們的孩子的國度（讓這種愛成爲你們新的高貴狀態）。這種國度位於最遙遠的海中，還沒有被發現！我囑咐你們航行去尋覓、再尋覓！」

「你們將在你們的孩子身上修正你們身爲你們的父親的孩子的身分。如此，你們將救贖所有過去的錯誤！我爲你們準備好這張新桌子！」[40]

但是爲了達到尼采的這個理想，我們必須比現在更冷酷和頑強。我們現在的見解所具有的缺點，一定會讓我們看到其愚蠢之處。如果我們眼光遠大，就一定會看出，這是危險的愚蠢。我已經相當詳細地談到這個有關「冷酷」的問題。我試圖以對立於徹斯特頓先生的方式指出，「冷酷」正是一種寡頭政治的先決條

37、Z：，〈舊桌與新桌〉。
38、Z：，〈可憐的人〉。
39、Z：，〈對鄰人的愛〉。
40、Z：，〈舊桌與新桌〉，第十二節。

件，在這種寡頭政治中，指揮者是基於性情和性格的力量而成爲指揮者。只要你們之中有人在什麼時候試圖指揮別人，縱使這些別人只不過是小孩子，你們也必須首先學會如何完全指揮你們自己。你們必須首先學會控制自己的同情心，學會控制自己較偉大的智慧以及心中所激起的怒氣，學會控制唐突的口與手，學會控制那堅持要看太多東西的眼睛。如果將這種最初的冷酷、這種只構成對自己的態度的最初階段的冷酷，跟那種最終的冷酷加以比較，那前者算什麼呢？——而這種最終的冷酷，是當你指揮那些時常很頑強的人沿著只有你知道目標與方向的道路前進時所需要的。如果將這種最初的冷酷跟另一種冷酷加以比較，那前者算什麼呢？——這另一種冷酷會忽視孤立的個案，無論孤立的個案多麼值得注意；只要孤立的個案有可能阻礙到你正在領導著前進的莊嚴步伐，這另一種冷酷都會忽略它。

我們今日正在快速喪失這種冷酷。較溫柔和較墮落的特性正在取代它；「同情」是這一切特性的極點。同情，這種對同胞的態度，你們都知道，當它針對著我們時，我們全都會非常憎惡。就算我們最好的朋友對我們透露同情時，我們也會畏縮。但這種特性正迅速在我們之中變成最偉大的美德。就像我們在上一篇演講中所看到的，它是保護所有的奴隸、病人和侏儒的方法。他們藉著這種特性自我提升。我們感覺到它有什麼貶低價值的成分。無論我們可能說出什麼支持它的言詞，我們都知道它是卑劣的。如果我們並不知道它是卑劣的，那麼，請告訴我，爲何我們之中所有會欣賞勇氣、獨立和高貴精神的人都盡全力憎惡和抗拒它？

「啊呀，世界上還有什麼地方出現過比表現同情的人的愚蠢更大的愚蠢呢！」尼采叫著說：「世界上還有什麼事情比表現同情的人的愚蠢造成更大的傷害呢？」[41]

「有什麼罪惡比任何其他罪惡更有傷害性的呢？」他問道。「那就是，對所有不健全和病弱的人的實際同情——基督教。」

尼采爲了讓我們有資格建立他的社會，他必然會要我們表現得更冷酷。

「你們這些較高尚的人，你們認爲我活著是爲了把你們做壞的事變好嗎？」

41、Z：，〈可憐的人〉。

「或者你們認爲，我意在讓你們這些受苦的人將來過得較舒適嗎？或者爲你們這些在道路和高山上顯得不安又迷路的人指出較容易走的新路嗎？不！不！我要說三次不！你們的族群中有更多的人、更好的人會消失，因爲你們將過著一種較惡劣和較嚴酷的生活。只有這樣——」

「只有這樣，人才會長大到**那種**高度，讓閃電擊中他們、毀滅他們。長大到足夠讓閃電擊中的高度！」

「我的心和我的渴望轉向極少的東西，轉向很長久的東西，轉向遠方的東西。你們多種微不足道的痛苦跟我有什麼關係呢！

「你們還沒有受夠苦！因爲你們只受過你們自己的苦，不曾受過人類的苦。」

「如果你們不是這樣說，那你們就是說謊！你們之中沒有人受過像我一樣的苦。」[42]

在像我們這樣的種族中，改變的出現是很緩慢，一個人的生命對他而言不夠長，甚至無法知覺到他已盡最大努力要去促成的成果的開始部分。在像我們這樣的種族中存在著一種很大的危險，尤其會降臨在膚淺的人身上。這種危險就是希望的喪失，只在即刻的利益中尋求安慰，結果毀了較具未來性和較大的利益。尼采知道這一點，因此他大聲說：「啊呀，我知道有高貴的人已失去了最高尚的希望。但我藉由我的愛與希望，懇求你們不要捨棄你們心中的英雄！要讓你們最高尙的希望變得神聖！」[43]

現在我們應該很清楚了，他之所以宣揚「冷酷」這種福音，並不是爲了懶散地滿足他本性中的殘酷貪欲，而是一個人採取行動，要幫助我們努力奮鬥，成爲更有尊嚴的人類類型。

「當你們輕視舒適的東西以及柔軟的床，能夠儘量遠離女性化的床：這就是你們美德的本源。」[44]

「查擔圖斯特拉是所有那些航行到遠方、不喜歡在生活中沒有危險的人的朋

42、Z：，〈更高尚的人〉，第六節。
43、Z：，〈山上的樹〉。
44、Z：，〈施予的美德〉。

友。」[45]

爲了這種冷酷，爲了這種「只愛孩子的國度」的意志，我們首先必須培養一種意志。缺少意志，以及有意志時意志卻有弊病——這就是今日歐洲女性化的根本。

我們必須學習那種彰顯出優秀指揮者的目標的堅定，學習那種承認「我們只能成爲眼隨者」的智力和誠實。

「那些無法指揮的人，必須尋求服從的意義。自由就像其他的一切，只是相對地有益。自由是一種工具，需要由熟練的人來使用。」

「你們說你們自己自由嗎？……」

「你們是被允許逃避重軛的人嗎？有很多人，當他們拋棄自己的奴隸狀態時，就是拋棄了他們所配得的一切。」

「要從什麼之中解放呢？查拉圖斯特拉會如何關心這個問題呢？顯然你們的眼睛會回答說：爲了什麼而解放呢？」

「你們能夠把你們的惡和你們的善提供給你們自己、把你們的意志高掛在你們上方當做一種律則嗎？你們能夠成爲你們自己的法官、爲了你們的法律受傷害而報復嗎？」

「單獨跟法官以及爲自己的法律受傷害而報復的人在一起，是很可怕的。」[46]

我們必須學會信守我們對自己許下的承諾。如果我們不能信守自己對自己的承諾，又如何想要成爲指揮者？這樣，我們仍然只是跟隨者。指揮自我是所有的指揮的第一步。「很多人能夠把規則加在自己身上（做出高尚的決定），但卻無法服從這些規則！」[47]

「哦，希望你們瞭解我的話：『要確實去做你們喜歡的任何事情——但首先要成爲你們決心要成爲的人！』」[48]

如果我們內心只想著人類的未來，如果我們眞誠又完全實現「超人」的可能性，那麼，我們就會不知不覺把我們的眼光看向我們的同胞的頭上方和遠方。我

45、Z：，〈靈視與謎〉。
46、Z：，〈創造者之路〉。
47、Z：，〈舊桌與新桌〉，第四節。
48、Z：，〈不値得的美德〉。

們的目標是在我們現在的水平線後面的什麼地方；我們必須成為勇敢又有耐心的水手。我們的鄰人的想法是一種誘惑，一種吸引力，有可能把我們的目標引開。眞正的利他主義會囑咐我們把我們諂媚的鄰人從我們的腦中驅離。

這樣一種目標及其所需求的方法，將會在我們心中培養一些特性，最終將促使我們把現今的超敏感狀態，以及易於對最細微的刺激有所反應的情況，視為疾病的徵狀、生病的狀態。

我們必須不再問自己：要從**什麼**之中解放出來？我們的問題必須是：為什麼要解放？

「超越的人是我關心的；對我而言，第一件以及唯一的事是**超越的人**，**不是**人類。不是鄰人，不是最窮的人，不是遭受最大痛苦的人，不是最好的人。」

「哦，我的兄弟們，人類能夠讓我愛的是：他是一種過渡和破壞。甚至你們也有很多東西讓我愛，並心存希望。」

「因為在今日，微不足道的人已經變成主人。他們全都宣揚屈服、認命、策略、勤勉、敬意以及……等等。一長串微不足道的美德。」

「這些人一再問，不厭倦地問：

人如何能最美好、最長久、最愉快地保存生命？因此，他們是今日的主人。哦，我的兄弟們，請超越這些今日的主人，超越這些微不足道的人。他們對『超人』而言是最大的危險！」

「你們這些較高尚的人，請超越微不足道的美德、微不足道的策略、沙粒般的敬意、大群螞蟻、得意的自在、最大多數人的快樂！」[49]

也許，我們現在正要開始更清楚地瞭解尼采的所謂利己主義。我們不再爲他的用語顯然很冷酷而驚悚。他的嚴酷變成簡樸，他對人類的愛顯得比我們對人類的愛更崇高又深沉。他的嚴格確實是最高貴的悲憫。

我們現在知道他說下面這些話時的意思：「一個人不應該當醫生去治不可救藥的人。但是，結束生命比寫一首新詩更需要**勇氣**。這是所有醫生和詩人都知道的事。」[50]

49、Z.，〈更高尚的人〉，第三節。

50、Z.，〈舊桌與新桌〉，第十七節。

「生命是很難忍受的。但是也不要假裝那麼脆弱……我們和那些因露滴落在上面而顫抖的玫瑰蓓蕾有什麼共同的地方呢？」51

「什麼是善？——人類心中所有那些增加權利的感覺、權力意志、權力本身的東西，就是善。」

「什麼是惡——所有源自脆弱的東西就是惡。」

現在我們看出這些語詞的必要性，如果要達到尼采的理想，這些語詞是多麼具有必然性。

「人類最嚴酷的命運是：世界上有力量的人類並不是同時也是最重要的人類。一切都變得虛假、扭曲、怪異。」52

「我的兄弟們，最好的人應該統治世界，最好的人將會統治世界！在教誨不同於這種教誨的地方，就不會出現最好的人。」53

如果這種新的學說盛行，尼采保證世事將會更悅人、更有品味。當一個人低頭去瞄一瞄他的同胞們及其命運時，他的微笑就不會在痙攣中受到壓抑，變成苦臉。「痛苦」這種必然伴隨一切變異、誕生而來的東西，將會被接受為存在中的一個必要因素。人們將不會急忙去避開它。人將會停在他的最盛時期，停在他的

「偉大的正午」，以便審視他的孩子——「超人」——的國度，而這個國度將位於遙遠的地平線上，在午後的陽光中熠熠發亮。

也許這個理想似乎是徒然的、過分勉強的——夢幻的？這個理想甚至可能會引來一些人的嘲笑，因爲這些人也許不曾觀察到：甚至在單單一生中，只要追求的是高貴的理想，而不是卑低的理想，則改變是可能的。

但尼采不會要你們期望明天或後天實現你們的理想。他說：

「我的兄弟們，也許不是你們自己會實現理想！但是你們卻能夠把你們自己創造成『超人』的父輩和祖先，並且讓這種創造成爲你們最佳的創造。」[54]

「目前爲止，世界上最大的罪惡是什麼？難道不是這句話：『在這兒笑的那些人慘了。』」

51、Z：，〈閱讀與寫作〉。

52、Z：，〈與國王的談話〉，第一節。

53、Z：，〈舊桌與新桌〉，第二十一節。

54、Z：，〈幸福島〉。

「難道他自己找不到在這世界上笑的理由嗎？如果是這樣，就算他努力去尋覓也找不到。孩童會在這兒發現理由。」[55]

「這頂笑聲王冠、玫瑰花環王冠——我自己已經把這頂王冠戴在我的頭上。我自己已經宣稱我的笑聲很神聖。我在今日找不到有人足夠強有力，做得到這一點。」[56]

「自從人存在以來，他們就幾乎沒有享受到快樂。我的兄弟們，僅僅這一點就是我們的原罪！」[57]

「還有多少事情仍然是可能的！我請求你們**學會**忘情大笑！你們這些擅長跳舞的人啊，提升你們的精神吧，提升得很高！更高！不要忘記開懷大笑！」

「這頂笑聲王冠、玫瑰花環王冠——我的兄弟們，我把這頂王冠拋給你們！我已經宣稱笑聲是很神聖的。你們這些更高尚的人，**學會**如何笑吧！」[58]

55、Z：，〈更高尚的人〉，第十六節。
56、Z：，〈更高尚的人〉，第十八節。
57、Z：，〈可憐的人〉。
58、Z：，〈更高尚的人〉，第二十節。

博雅文庫 148
尼采問：誰會是世界的主人

原文作者　安托尼・馬裏奧・盧多維奇
譯　　者　陳蒼多
發 行 人　楊榮川
總 編 輯　王翠華
副 總 編　蘇美嬌
責任編輯　邱紫綾
封面設計　徐蕙蕙

出　　版　五南圖書出版股份有限公司
地　　址　106台北市和平東路二段339號4F
電　　話　（02）2705-5066
傳　　真　（02）2709-4875
劃撥帳號　01068953
戶　　名　五南圖書出版股份有限公司
網　　址　http://www.wunan.com.tw
電子郵件　wunan@wunan.com.tw
法律顧問　林勝安律師事務所　林勝安律師
出版日期　2016年2月初版一刷
定　　價　新台幣320元

國家圖書館出版品預行編目資料

尼采問：誰會是世界的主人／安托尼・馬裏奧・盧多維奇著; 陳蒼多譯. -- 初版. -- 臺北市：五南, 2016.01
面；公分

ISBN 978-957-11-8344-2 (平裝)

1.尼采(Nietzsche, Friedrich Wilhelm, 1844-1900) 2.學術思想 3.哲學

147.66　　104019016